你一定要知道的事 交換學生指南

EF國際文教機構臺灣區總經理 **謝慧英**
HowHow美國行製作人 **陳孜昊** /推薦

蔣開宇
Olav Schewe
—著

推薦序一

青春歲月正是勇於做夢的最好時機。蔣開宇同學——就是個積極追尋夢想，並一步步將其化成實際行動的勇者。

開宇誠懇的態度及熱切的眼神，猶如夜空中璀璨發亮的星子，深深吸引著我。與他深談之下，發現他是個認真思考及詳實執行計畫的踏實年輕人；從他決定申請交換學生計畫後，就積極主動地配合每一個申請步驟及細節，以求整個歷程更爲盡善盡美。

對於英文的學習，開宇從不放過任何一個可以練習的機會，冀求在最短的時間內獲得最大的進步；參加語言文化營時，他也積極與國際學生打成一片，並藉此難得的機會，結交了不少年紀相仿的國際好友，成爲未來意見交流的最佳夥伴。

另一方面，開宇的爸媽也給予最大的鼓勵與支持——爲人父母期望的不止是「望子成龍、望女成鳳」，更是希望開宇把握這難得的年輕時光，將心中的叛逆騷動化爲成長的動力。不但飛得更高、看得更遠，更要努力生活、認真學習，成爲一個對自身紀律嚴格要求、對生命困難謙遜以對的有爲青年！

很開心開宇順利地完成了一年的交換學生生涯，相信藉著這本書可以帶給年輕人更多的鼓勵。包括交換學生申請的過程、出國後的學校學習挑戰、與接待家庭相處方式及海外生活的交流等等，相信都是對要參加交換學生計畫的學生幫助甚多。西諺有云：「最初的願望，是成長的起點；不懈的努力，才是成功的階梯。」也相信閱讀此書的同學，必定會從中獲得許多的感動與收穫！

EF國際文教機構臺灣區總經理
謝慧英

推薦序二

交換生不像留學，你錯過了就再也去不了了！

大學的時候看直屬學姐去德國當一年的交換生，每次看她在facebook分享各種遊玩歐洲的照片，都會有一股：我也想當交換學生的想法！

我因為大四才申請上交換學生，所以我必須要延畢去交換。但我一點都不後悔自己做出延畢這個決定，因為交換生真的是我這生中數一數二很棒的經驗。

交換學生的性質老實說就是去體驗，體驗國外的文化、氣候、語言、風土民情。每一件事對我們外國人來說都是很新奇的經驗。去美國交換的這半年，我才認識美國的party文化、體會不同的上課氣氛，發現原來美國人不愛用鉛筆盒、原來美國人喜歡躺在學校的草皮曬太陽、原來在美國人很少用蹲式馬桶。

這半年我也旅行了很多地方：Chicago、Los Angeles、Miami、Orlando、Key West（美國最南境）、New York City、Boston、Washington DC，看了NBA球賽、去了Disneyworld（全世界最大的Disneypark）、參觀了林肯雕像、爬上了帝國大廈一睹曼哈頓的夜景。更重要的是，認識了許多來自世界

各國的好朋友。

　　我用照片、文字和影片記錄我自己的交換生活，拍了20集的HowHow美國行上傳在Youtube，記錄這美得像夢一般的四個月。（然後回臺不到一個月就去當兵了……根本是從天堂掉到地獄深淵。）

　　大家如果有機會的話，一起創造屬於自己的美好交換生經驗吧！

HowHow美國行製作人
陳孜昊Jason

作者序一

　　明明應該是炎熱的五月底，臺北卻接連下了兩、三天的暴雨，氣溫降到19度，查看天氣時順著滑了一下Ipad，Rexberg今天最高和最低溫分別是22度和5度，那是我在美國時所居住的小鎮，幾年過去了，偶爾還是會關心那邊的天氣，那邊的新聞和人們，好奇學校的社團得了哪些獎，想知道這個季節接待家庭又換了什麼樣的裝飾，儘管時間使得聯繫漸漸減少，但在午夜夢迴之際，總會想起過去那些勇敢和純真。

　　交換學生最早的種子在國中時種下，羨慕那些能夠交換或是移民的朋友，說著流利的英文，分享國外有趣、新鮮的一切，眼神中流露著自信和神祕，吸引著我一窺究竟。高一因緣際會之下，和好友Kido參加了交換學生說明會，萌芽的種子拉扯著我朝夢想前進，也許是受夠了臺灣一板一眼的升學教育，厭倦僵化的閱讀和考試，迫切獲得認同和歸屬感，積極追求理想中的桃花源。

　　出國前的半年我沒有好好的準備，導致剛到美國時發生了不適應，在陌生的環境下卻還是用著熟悉的手機、電腦、網路，根本沒有好好利用環境帶給我的優勢，我信誓旦旦地出征，卻在半路遺失最重要的勇氣，彷徨無助地想要逃跑，回頭卻什麼也看不清，只能硬起肩膀，扛起責任地往前進。

一年的交換學生，讓我徹底看見自己的不足，從最初如在黑暗中摸索前進，到逐漸點亮周遭的光亮，朋友就像一張蜘蛛網一樣給予建議和回饋，認識文化的同時，也在逐步的自我修正，朝更好的那個方向前進，他們打開阻擋異鄉人進入的門，讓我融入其中共饗盛宴，點點滴滴就像盛宴中的每一道佳餚，值得我們細細品嚐，酸甜苦辣千滋百味，只有親身體驗過才能理解苦澀過後的回甘。

回臺灣後先是承受了一波逆向的文化衝擊，經過多次挫折後才找到平衡點，我重新開始在臺灣的高中生活，重新成為大學學測、指考的競爭者，交換學年所學習掌握到的知識在這兩年轉化成實質的試場利器，不同於常人的經歷也可以在擅長的領域中嶄露頭角。語言能力是戰場上銳利的矛，貫穿各種刁鑽難題；而成熟的心態則是最堅固的盾，面對壓力、解決困難，守護自己的努力和成果，只有站得更高，才可以看得更遠。

大學的生活多采多姿，卻仍無法讓我忘掉交換學年的精彩，還是很慶幸當初把有握住這個機會，在十六歲那年獨自一人在美國愛達荷州的壯遊，寫下熱血的篇章，多年後還期待能舊地重遊，看看當初的朋友、老師，雖然現在能在臉書上留下生日祝福，但過去的回憶卻不是一句祝福就能夠排解的。

熱血澎湃，寂寞難耐；冬雪消融、春暖花開。
四季輪迴不懈怠，人生難有再重來；
青春年少直需狂，踏浪壯遊書精彩。

夏天暑氣蒸騰，那時Olav問我有沒有興趣把這本書翻成中文版，讓更多未來的交換學生能夠少走些冤枉路，並且滿載而歸，讓每一個交換學年都可以盡興沒有留下遺憾。我們相信自己有美好的交換學年，也希望你們能夠擁有比我們更棒、更精彩的一年，期許你們將生活點滴化爲音符，高亢的心情融爲一連串連綿高音，挫折悲傷容許我們點綴些許的休止符，組成的篇章終將成一首獨一無二的交響曲，幾十年過後，你會回頭欣賞這首曲子，覺得意義非凡。

　　最後，特別感謝我的家人、Miller's、Kennely's、Katie、Kathy、Olav，還有協助本書校稿的儷璇，以及所有支持我、喜歡我的朋友。

蔣開宇(Gary)

作者序二

給交換學生的信

　　每天都有成千上萬的人在天上飛來飛去，往返不同的國家，但只有極少部分的人能透過「交換學年」來認識一個不同的國家，體驗居住在不同家庭、從內到外的沐浴在文化和語言之中。那些短期的旅遊或體驗營絕對比不上一個完整學年的交換生活，這些交換學生通過歷練後擴大眼界成為「global citizens」的一部分。

　　交換學生的這個機會是難得的，相對來說，收穫也是無比巨大的，這也是為什麼我和Gary都會認為這是人生中最有影響力的一次旅程，不只是我們，所有曾經當過交換學生的人都有同樣的感受。最初到國外時，我們親身體驗到離開家鄉時所遇到的困難和挑戰，我們認為交換學生到國外後，常會需要很長的時間調整自己、適應環境，因此會錯失一些難得的機會，無法好好的利用這半年或一年的交換學年。

　　這就是為什麼我們決定寫這本書，「The Exchange Student Guidebook」已經幫助了上千個交換學生，現在這本書重新又以中文寫成，從臺灣的背景出發，希望能夠幫助正在閱讀的你，也歡迎進入我們的大家庭，global citizens。

Olav Schewe

前言

西元 1947 年，第一個交換學生到外國的學校念書，居住在當地的親戚家。自此之後，「交換學生」這個詞便隨之產生，人數也逐漸增加到現在每年上千個交換學生。

爲什麼大家會對到國外的學校念書如此趨之若驚呢？身爲一個交換學生，你有機會在國外的學校就讀一年，並且親身感受當地風土民情；居住在接待家庭中並且到當地的高中就讀，可以切身的融入到當地的環境，有效的增強你的外文能力，並且從裡到外體驗不一樣的生活；最重要的一點，是你可以讓你的高中生活更加燦爛，獨一無二。

花一年的時間到國外學習並不單單只是增加經驗，更是對自己未來的一種投資。國際觀、語言能力、還有對外國文化的瞭解，都將化爲自己將來職場上的利器。

但有一點需要先搞清楚。交換學年並不是一個冗長的假期，實際上你會遇到很多挑戰和挫折，會需要時間去磨合文化、認識朋友、適應語言，所以調整好正確的心態，在決定參與這項挑戰之前，客觀地去瞭解十分重要。

不管現在的你是否想要當一個交換學生，或是你還在思考這個問題，想必你都會有各式各樣的問題，這本書主要是藉由這些問題，給予適當的解答，並且揭開交換學生實際上會遇到的生活。它可以幫助你看清前方未知而且模糊的路，並且讓你能夠充分的做好接下來一年的準備。但最重要的是，讓你可以在遇到類似情境時，做出恰當的反應。這所有的一切都是希望能夠讓每一屆的交換學生能有成功並且充滿回憶的一年，如果你對自己有所期待，祝你好運，希望你能夠享受這無與倫比的挑戰。

如何閱讀這本書

這本書分爲四個主要部分，共 28 個章節，藉由目錄可以使你更容易閱讀。你可以把這本書從頭到尾看過一遍，也可以選擇吸引你的章節閱讀。不管在出發前，或是在交換學年裡，這本書都能給予你一些幫助。然而我們建議交換學生在出發前，能先看過第二和第三部分（如果是去美國的話，第四部分也要先看）。

這本書沒有特別推薦哪個國家比較適合交換學生，第一、二、三部分適合所有的交換學生閱讀。不過，因爲去美國的人比較多，所以我們統合了第四部分，這部分會特別針對美國的文化進行解說。

第一部分：交換學生

介紹關於交換學生的基本知識，讓還在評估自己是否能夠成爲一名合格的交換學生一些建議，還在尋找交換學生機構的人也能有個方向。

第二部分：出發前

交換學生在「出發前」到「出發」這段時間該做好的準備。

第三部分：國外生活

在國外會遇到的一些狀況，從「到國外的第一天」、「接待家庭」、

「學校」到最後回國的準備。

第四部分：交換學生在美國

　　針對去美國的交換學生進行解說，強調一些在地的文化和知識背景，讓學生不會冒犯或碰觸到一些議題。

歷史

在兩次世界大戰中間，一個美國的自願團體 American Field Service 在歐洲轉運同盟國傷患。這期間，他們發現和他國的人接觸有助於瞭解彼此不同的文化。交流讓雙方更友好。

因此，這些人在戰爭結束後回到美國，他們想將學到的東西教給其他人，讓彼此能夠互相瞭解，維持友好的關係，達到和平的作用。他們不想讓世界再度爆發長達四十年的痛苦戰爭。

西元 1947 元，這群人開始嘗試交換計畫：邀請一個外國學生來美國住一年。這個想法是要讓這個學生體驗美國的學校、日常生活以及文化。同時，美國當地人也能從中學習到外國的文化。

自此之後，交換學生的人數逐年增加。現在每年更有超過五萬名的學生參與交換計畫。

除了交換人數的大量增加外，交換學生機構的數量也同時膨脹，加上科技的進步使交通更加便利，學生間的交流變得更加快速。不過，交換學生的宗旨依然沒有改變：透過人與人的接觸，使文化得以交流，讓不同國籍、種族能相互瞭解，促使世界和平。

目錄

推薦序

作者序

前言

如何閱讀這本書

歷史

001 │ **第一部分　交換學生**

003 │ 第一章　基本介紹

009 │ 第二章　當交換學生的理由

015 │ 第三章　花費知多少

021 │ 第四章　交換學年適合我嗎？

025 │ 第五章　常見的問題

028 │ 小測驗

033 │ **第二部分　出發前**

035 │ 第六章　選擇交換國家及交換學生機構

041 │ 第七章　申請、面試、書面資料

045 │ 第八章　準備

053 │ 第九章　打包：我該帶些什麼

061 │ 第十章　啓程

067 | 第三部分　國外生活

069 | 第十一章　當一個交換學生

079 | 第十二章　國外生活

085 | 第十三章　打造順利的一年

091 | 第十四章　接待家庭

101 | 第十五章　學校

107 | 第十六章　新朋友

111 | 第十七章　思鄉和其他挑戰

119 | 第十八章　換接待家庭

129 | 第十九章　最後一個禮拜、回家

135 | 第二十章　到家

139 | 第二十一章　運用所學的新知識

143 | 第二十二章　交換學生測驗

147 | 第四部分　交換學生在美國

149 | 第二十三章　美國的簡介

161 | 第二十四章　美國的文化與社交

173 | 第二十五章　美國接待家庭

179 | 第二十六章　準備和出發到美國

185 | 第二十七章　美國高中

197 | 第二十八章　實用資訊

Part 1

第一部分　交換學生

第一章 基本介紹

　　年輕又充滿活力的你，對於世界有著無比的好奇心，渴望嘗試新的觀念和想法。也許你會想要體驗美國的高中生活，或是到西方世界看看歐洲人的環境；也許你根本不清楚自己到底想要什麼，但沒有關係，因為你的年輕和活力，可以盡情地去學習語言、文化，交換學生這條路會很適合你。

什麼是高中交換學生？

　　高中交換學生，係指十六到十八歲到外國居住並且參與當地高中學校的人。有些情況下，這些人會住在學校宿舍，然而絕大多數的情況是居住在接待家庭中。

Fun fact- 小知識

你知道嗎？德國人每年送出最多的交換學生，每年有超過兩萬個德國學生被送到各個國家當交換學生。

我要如何成為一名交換學生呢？

　　如果你能夠自己找到願意接待你的接待家庭，那理所當然的可以自行規劃想去的地方和學校。

　　但是，在美國，因為交換學生簽證取得不容易，導致自行規劃會遇到很多的困難。要為簽證做準備、登記當地的學校，還要處理許多雜事。因此，多半會選擇交換學生機構來幫忙處理這些計畫，例如說 AFS、EF、Rotary、YFU 等，這些組織對於交換計畫有一定的專業，他們主要負責兩個部分：第一個部分是主要的行政事項，如尋找接待家庭、登記學校、提供簽證文件、訂來回機票等；第二部分則是提供你在出發前的準備事項，他們通常會集合同年度一起出去的交換學生，大家互相準備、分享、照應；最後，則是提供出國前和國外的支援協助，他們會盡力回答、處理你的問題，並協助你面對挑戰。

交換學生計畫會持續多久？

　　有幾種不同的計畫可以選擇。半學年度的計畫在近幾年愈來愈流行，但最為普遍的仍然是傳統全學年度的計畫。（七月到隔年六月）

我可以去哪裡交換呢？

交換學生機構會讓你從合作的國家中選擇你想要去的國家。

什麼樣的條件可以成為一名交換學生？

每個機構對於交換學生的條件不一定相同，多少會有一些差異，但以下幾個是最常見的：

- 出國的那一年，你的年齡必須在十四到十八歲之間
- 在出國前必須參與全年度學校課程
- 你必須達到基本的門檻成績
- 你的心理和身理必須保持健康
- 面對改變時，需要保持主動和開放的心態

> **Fun fact- 小知識**
>
> 你知道嗎？許多交換學生到國外幾個禮拜後，便會開始想念家鄉的語言了。語言就像記憶一樣，當你進行思考的時候，會不自覺地用母語和自己對話。

交換學年和我的高中生活是否能彼此連結？

交換學生在高中生活時選擇去國外，這些學生回來以後可以藉由透過原本學校查核、或是考試等方式來抵免學分。但是多數的人會花額外的一年在高中就讀，因為臺灣的升學考試，導致學習的東西無法替代，跳級或是直接考大學考試不一定能夠獲得較好的成績。另一種人則選擇在高中畢業後、未滿十八歲前申請交換，在高中和大學之間有個可以銜接的年度。

其他交換的選擇

有些學校有自己的姐妹校或是交換計畫，通常，這些交換時間會比較短，和傳統的交換學生計畫也略有不同。因此詢問學校輔導室是否有類似的交換活動，再做進一步的衡量與選擇。

常見的詞彙

Jet Lag

Jet Lag 指的是往東或往西飛過不同時區，因為時差的變化導致睡眠日夜顛倒，這種症狀通常會包含疲勞、失眠、易怒等，這對身體是無害的，通常會在一天到十天之內消除。

Contact Person/Coordinator

　　身為一個交換學生，在國外時會有一個人協助你遇到的困難，這個人也是交換學生機構國外當地的負責人。通常是由區域來劃分不同的負責人，這些負責人是自願性質的，並沒有支薪。我們稱他為聯絡人。

Culture Shock

　　每個人到國外都會有文化上的衝擊。面對不同的文化會讓你感到困惑、新奇，會使人難以融入當地的環境，但這個文化衝擊通常只會維持一小段時間。

Exchange Student

　　交換學生，就是你。

Exchange Organization

　　交換學生機構便是統合所有的交換學生計畫，機構會和不同國家的組織合作，提供學生、接待家庭資料和聯絡負責人等。

Host Family

　　接待家庭，提供你在國外住宿的家庭，通常包含了父母和兄弟姊妹。

Host Country

　　你去做交換的國家。

Reverse Culture Shock

　　反向的文化衝擊通常會發生在交換學生回國之後，適應新的環境後再回來，導致對原本文化的困惑與陌生，持續的時間會比經歷在國外的文化衝擊還短。

Visa

　　簽證，類似其他國家讓你進入他們領土的許可。交換學生需要特殊的簽證來進行交換，通常是在國內的大使館或是外交辦事處申請。

第二章　當交換學生的理由

有幾個好理由會使你願意成為一個交換學生：

會有很棒的體驗

對許多交換學生來說，這將會是他們人生中最棒的年度。他們能獲得很多新的體驗，並且能夠享受其中的歡樂和趣味。

學習語言

當交換學生可以享有全方位的外語環境訓練，無論是在家中、學校、朋友圈或購物商家，聽到的廣播和電視也都是外語。從另外一個角度來說，你隨時隨地都在學習，進步的多寡和你努力的程度有關，但這些都在無形中使你的外語更加流暢。

從裡到外的融入文化

身為交換學生，在國外不需要讀一堆書讓自己一定要成為第一名，已經到國外的你，該好好體驗生活。你不是旅客，而是新學校的學生、別人的朋友、以及家庭中新的一分子。你將會從內滲透到這個文化之中。

你可以更瞭解自己

交換學生有機會可以從全新的觀點來瞭解自己，當交換學生時間結束後，你可以更確定自己喜歡什麼、目標是什麼，想變成怎麼樣的人。

你可以更瞭解自己國家的文化

當你體驗並看到外國文化的同時，也可以藉由別人的眼光來看文化差異。當文化對立而產生偏見時，不僅可以學習他人的文化，也可以更加瞭解自己的文化。

你可以交新朋友

交新朋友對交換學生來說非常重要，而且具有挑戰性，也許你會交到很棒的朋友，有可能是那種可以聯絡一輩子的朋友。

你可以學到對生涯有幫助的新知識和能力

國際化的時代下，語言能力變得愈來愈重要，出國所學的一切對職業還有人生來說，都有非常大的幫助。

你會變得更成熟及獨立自主

出國一年，你會需要面對全新的環境和無數挑戰。當朋友和家人都不在身邊時，你會被迫獨立解決這些難題。

促進和平及互相瞭解

透過交換學生來維持和平並且瞭解雙方的文化，這本來就是整個計畫的宗旨，隨著時間的改變，這個初衷也變得愈來愈重要。

一生中難得的機遇

在你的人生中，你可以出國去任何國家，但是居住在當地的家庭中，並且參與完整國外高中生活的機會卻是難能可貴。能夠完美的融入他們生活，是一生中只有一次的機會。

不用花大把的鈔票

因為你的吃和住都是在接待家庭，花費不會比待在家中多太多。實際上，根據你去的國家來看，有可能出國還比較便宜，高中交換學生比大學交換便宜很多，而且還可以透過獎學金來補助你的生活。

被肯定的優勢

2005 年，漢姆教授（Dr. Mitchell Hammer）研究顯示，交換學生的一年將獲得以下的優勢：

1. 瞭解不同文化間的能力
2. 對交換國家文化的知識瞭解增加
3. 自身對於交換國家的語言能力增強

4. 與不同國家的人溝通時較不會緊張

5. 結交到不同國家的朋友

6. 拓展世界觀

Real-life experience- 實際經驗

當交換學生一直是作者從小的夢想，國中的時候就在自己的日記本上寫到以後一定要當交換學生，我渴望去體驗別的國家生活，看著電影【歌舞青春】中的高中生活，讓我對美國高中充滿嚮往。當交換學生需要熱情和一些運氣，我很慶幸這一年所遇到及學習到的事情，不管是挑戰還是困難，都是獨一無二的精采。以前的人在十六歲時要去遠方獨自生活一段時間，稱之為「壯遊」。現在科技發達了，壯遊不單只是不同區域，更是跨越山脈、海洋的遠行，年輕的我們，有眺望世界的本錢，把握當下，增加自己未來的籌碼吧！

第三章　花費知多少

　　交換一趟所需的總金額會根據你前往的國家而定，還有你平常的消費習慣、交換學生機構的選擇，以及你是否有獲得獎學金等。因為食、住都待在接待家庭，所以消費主要會分成四個部分：

1. 參與交換學生計畫的費用（交給交換學生機構）
2. 除了交給機構外的其他必要花費
3. 在交換國家的日常消費
4. 在交換國家的旅遊

交換學生計畫費用

　　這筆交給交換學生機構的錢，主要的用途在於尋找接待家庭、登記學校、行前資料、協助辦理簽證，以及在國外的協助等。通常機票也會包含在其中，費用的多寡會影響到協助的程度和心意，每個機構有所不同，費用的差異也很大。因此最好多方比較不同的機構，選擇最適合自己的計畫。

以下提供常見的交換學年消費：

出國前

- 申請費用（筆試、面試費用）
- 旅遊保險
- 取消行程的保險
- 簽證費用
- 醫療檢驗
- 疫苗及傳染病檢測
- 來回機票
- 給接待家庭的小禮物

在國外

- 準備、熟悉文化的營隊（有可能，視環境而定）
- 語言課程（有可能，視環境而定）
- 學校書籍及材料
- 學校制服（有可能，視環境而定）
- 每日上下學的交通費用（有可能，視環境而定）
- 運動及休閒活動
- 學校午餐

日常花費

　　日常的花費取決於個人的消費習慣及選擇的國家，舉例來說，法國的日常消費會比去哥斯大黎加的貴很多。

日常消費包含什麼項目呢？

　　個人的活動消費項目儘量和接待家庭分開，例如說看電影、速食、休閒活動、運動、舞會、公車錢、逛街等等。

要準備多少零用錢呢？

　　這還是要看國家的差異而有所不同，然而攜帶太少的錢也會產生一些生活上的不便。有計畫的使用自己的零用錢，當你的同學們一直去打保齡球或是參加各式各樣的活動時，要懂得拒絕。

　　出國前可以詢問機構每個月大概的消費，或是直接問前期交換學生的經驗

會比較準確。

　　通常會先準備一些備用的錢在隨身行李，到國外銀行開立戶頭之後，再將需要的錢匯過去。

在交換的國家旅遊

　　交換學生通常會有很多機會在當地國家旅遊，有可能是和接待家庭、交換學生機構、或是學校的校隊，甚至是當地的朋友。和接待家庭一起出去旅遊時，要分擔的金額會有很大的差異。不同的旅遊形式和與誰出遊，都會影響到金額。當不是和接待家庭一起旅遊時，通常要獨力負擔全部的費用。

　　當然，你也可以選擇不要去旅遊，省下一些錢，但這也會讓你失去難得的機會去看看這個國家其他地方。要知道，國內旅遊的價錢比較便宜，可以省下從家裡飛過來的機票錢。但是如果沒有如你所願旅行到你想去的地方，也不要太灰心，畢竟這不是你出國的主要原因，不如把握住機會，就當是一個額外的旅行吧！

Travel advice- 小建議

清楚自己能使用的金錢，並且妥善規劃使用的方式。如果可以的話，在出國前去打工或是當家教，用自己的能力賺錢更能體會其中的辛勞，使用錢時也不會視為是理所當然。

獎學金和經濟協助

有些國家會提供獎學金給交換學生，有些機構也會給予交換學生獎學金，記得向機構詢問相關資訊，並且標註申請的截止日期以免錯過機會。

第三章 花費知多少

Travel advice- 小建議

盡可能提早搜尋關於獎學金的申請流程，確保不會錯失良機。

可以在國外打工賺錢嗎？

交換學生的目標是要體驗生活和學習，並不是來工作的，如果你拿的是學生簽證的話，你應該會被法律禁止從事有薪水的工作，舉例來說，在美國讓沒有許可證的人工作是嚴重的違法行為，這有可能會害你被遣返回國。

然而，交換學生有時仍有機會賺一些零用錢，例如說當保姆、幫鄰居除草等，這是可以允許的，其他像是當球隊的助理教練或是家教也是可以，但還是要先確認過當地的文化。總而言之，記住自己的目的，你是來學習而不是來工作的。

Real-life experience- 實際經驗

每個人的消費習慣都不太一樣,就算去同一個國家,有些人可以控制剛好兩個行李箱回國,有些人就是可以買到滿滿五個行李箱的衣物,我認為交換學生要能夠慢慢學會當地的物價水準,什麼東西是便宜,什麼東西算是昂貴的,跟著朋友一起購物可以學到很多東西。而如果覺得最近一直出去玩,花了很多錢,那就要控制吃的不能太貴,例如說冰淇淋、零食、甜點就要少吃。

第四章　交換學年適合我嗎？

　　離開熟悉的朋友、家人一年的時間，對學生的生活有很大的衝擊。有些人能夠輕易地克服思鄉；有些人則需要更多的時間。實際上這對交換學生是很大的挑戰，因此，保持積極和清楚自己出發的動機是非常重要的。

　　對於多數的學生來說，交換學年是人生中最棒的幾年之一，但也有人選擇提早結束計畫，並且回國。通常是因為期望和實際落差太大、缺乏動機、無法適應新環境、思鄉病、或是和接待家庭相處不良等。

　　到底是否該成為一個交換學生是個很大的抉擇，想要做出這個選擇，可以先透過接下來的經驗，來讓我們更瞭解自己是否適合。

面對現實！

　　對於交換學年有太高的期待是常見的問題，不可以期望你的接待家庭金碧輝煌，有名車和游泳池，也不可以期望說學校都沒有作業、或是第一天便可以交到很多朋友。實際上，接待家庭通常是收入普通的家庭，學校也會要求學

生付出一定的努力,交朋友更是需要時間的累積。交換學年並不是長達一年的假期,而是在國外當學生學習。如果沒有搞清楚這件事情,你會很容易受到打擊。接待家庭富裕與否,並不會影響你體驗精彩的人生。

所以,你該期待的是一個全新又充滿樂趣的地方,透過周遭來學習,豐富自己的內涵;你該期待一個能夠更深入瞭解你的家庭,他們對你的國家和文化抱持極大興趣;你還可以期待到新學校學習以前從未接觸過的人事物。

常見的挑戰

在決定出國前,再提醒自己一件事:人生的過程中必定有起起伏伏,沒有人能夠從頭笑到尾的,歡樂的同時也會有挑戰和挫折在前方等著,列舉幾項:

Homesickness

思鄉的症狀對於遷移到另外一個國家的學生來說很正常,然而思鄉期的長短要看你如何面對它,在接下來的第十七章,可以找到更多關於思鄉的資訊,學會如何面對、預防它。

School

你會發現需要花比原先更多的時間來完成作業,而新學校的標準又比原先的更高。

Making new friends

　　通常需要花一段時間才能找到新朋友，常常需要你主動地去和他人開啟對話。

Feeling tired

　　對交換學生來說，生活的節奏往往是飛快的。你會需要時間去適應新的氣候、食物、家庭和學校，不同的語言應用起來更是困難，感到疲憊是很正常的。

Host Family

　　很難說你會遇到怎樣的接待家庭，你會需要時間去熟悉家庭內部及周遭環境，每個家的家規或許有很大的差異，然而是你要去適應他們，而不是希望他們能夠配合你。

　　這些挑戰和挫折讓交換學生得以快速的成熟長大。面對的困難愈多，學習成長的空間也愈大。

我會喜歡當一個交換學生嗎？

　　每個人都會有不一樣的交換學生故事和經驗，遇到的問題和適應環境的能力也有差異，所以很難保證是否能夠符合你的想像，心滿意足地完成這年的交

換。

想要有一個成功的交換學年，保持積極的心態、用廣闊的心胸去吸收新的知識是非常重要的。如果你是個外向又對新語言、新文化有強大熱情的人，那你已經具備了當交換學生的特質了。

有些人會擔心待在國外一年會錯過很多國內的大小事，但你該擔心的是，待在國內時，你便錯過這麼好的機會去當一個交換學生。

做出選擇

儘管你被交換學生機構錄取，這並不代表你已經準備好當一個交換學生。如果你還有疑問，可以尋找一些相關資料來幫助你做決定，或是直接聯絡交換學生機構，獲得解答，也可以和前期交換學生聯繫。多聽聽家人、朋友們的意見，並且繼續閱讀這本書，問問看自己為什麼會想當交換學生。經過了這些討論，如果你還對交換學生充滿熱忱，渴望學習、發現、交新朋友，那交換學生應該會很適合你。

> **Travel advice- 小建議**
>
> 如果對未來還不確定，可以將當一個交換學生的優缺點都列出來，寫下來會比較容易做出決定。

第五章　常見的問題

接下來會列舉幾個交換學生常遇到的問題及解決方式，有些被討論到的主題則會在接下來的章節進一步解說。

我什麼時候該決定是否要當一個交換學生呢？

簡單來說，當然是在報名截止日期之前。通常建議在出發前五個月到十五個月決定，愈早決定愈好，你會有更多的時間去做準備、去找適合的接待家庭。至於那些準備好的接待家庭也可以提早確認接待的學生。

我可以選擇什麼課程？

每個國家和學校可供選擇的課程略有不同。有些學校提供學生多樣化的課程選擇，有些只有少數的課程，此外，交換學生機構和學校有規定必修的課

程，例如交換國的語文課和歷史課。如果想要抵免高中課程的話，最好先詢問過兩邊學校的建議。

我如何找到接待家庭？

就像交換學生一樣，接待家庭也要經過申請和面試。交換學生機構會幫忙配對，但最終仍會由接待家庭選擇要接待的交換學生。

我可以換接待家庭嗎？

可以，但必須符合某些程度上的原因的。如果和接待家庭相處不好，你應該要去找出問題的原因，並且嘗試用溝通的方式解決。第十八章節會有更詳細的說明。

在交換學年中，我可以回家嗎？

交換學生參與計畫時通常是不被允許回家的，原因是回去以後還要重新申請簽證的麻煩，還有這會影響到整個交換學年的進行，不過當然，這也有例外

狀況。可以向交換學生機構詢問，另外當遭受重大傷病或是有親人過世時，通常是被允許回國的。

當我在國外時，我的家人和朋友能來找我嗎？

家人去拜訪時，很容易引發思鄉並產生對交換學年的負面影響，尤其是才剛身處異地、還在適應的那段時間。因此，許多交換學生機構會建議，若親友要拜訪至少等半年之後。不同機構有不同的規則，而且那些訪客不一定能夠住在你的接待家庭中，所以在你邀請前應該先做確認，不要將接待家庭當作旅館來使用。

我要去美國當交換學生，我可以參加他們的畢業典禮嗎？

不同的學校會有不同的規定。有些學校允許，有些則限制一定要完成全部課程才能參加。如果想要參加的話，最好一到當地便詢問相關事宜，選課也許會影響到最後的結果。

小測驗　你準備好要出國交換了嗎？

選擇以下最適合你的選項，並且將分數加總計算。

1. 你為什麼想當一個交換學生？

   A. 是我爸媽的想法，我其實沒有很想當交換學生（0 points）

   B. 因為我厭倦現在的生活，我想要離開這裡（5 points）

   C. 我對世界充滿好奇心，想要體驗國外的生活（10 points）

2. 你曾經離開家最長的時間是幾天？

   A. 小於四天（0）

   B. 五到十天（5）

   C. 超過十天（10）

3. 你是一個怎麼樣的人？

   A. 我很害羞，而且我不擅長與人溝通（0）

   B. 我有一點害羞，但在我舒服的環境下，我其實很擅長交際（5）

   C. 我很外向而且擅長交際，喜歡和別人互動（10）

4. 你對食物的挑食程度？

    A. 我很挑食，而且我討厭很多種食物（0）

    B. 有些東西我不喜歡吃，但我樂於嘗試新的食物（5）

    C. 我幾乎吃所有東西，而且喜歡嘗鮮，我不認為我會有任何關於食物上的問題（10）

5. 你喜歡運動或參與活動嗎？

    A. 我比較喜歡坐在一旁（0）

    B. 我會做一些運動，並且參與活動（5）

    C. 我會很主動的參與團體活動，並且充滿熱情（10）

6. 你如何處理宗教和信仰問題？

    A. 當周遭和我都是不同宗教信仰時，我會感到很不自在（0）

    B. 我從來沒有想過這個問題（5）

    C. 我尊重並接受其他人信仰和我不同的宗教（10）

7. 你是一個怎麼樣的學生？

    A. 我不喜歡去學校，我比較喜歡睡覺（0）

    B. 我在學校課業上的付出很普通（5）

    C. 我很喜歡參與學校的課程，而且會盡力做好學生本分（10）

8. 你對外國的文化有多少瞭解？

    A. 我對外國文化的知識是空白的一片渾沌（0）

    B. 我對外國文化的知識有一點瞭解（5）

    C. 我對外國文化的知識有全盤並且寬廣的瞭解（10）

9. 當你遇到困難或挑戰時，你會如何處裡？

    A. 我會很容易的感到沮喪並且放棄，不太會處理這類事情（0）

    B. 困難和挑戰令我感到不舒服，但我還是會去面對他（5）

    C. 我樂於接受挑戰，並積極解決遇到的困難（10）

10. 當你有思鄉症狀時，你會如何處理？

    A. 我會想要愈早回家愈好（0）

    B. 我會感到非常難過，避免和別人有接觸（5）

    C. 我儘量正面思考，不讓這種情緒影響我的生活（10）

總分：

_____

結果

0-30 points　再次考慮你的決定，身為一個交換學生，你會遇到許多需要調整的事情，學會適應環境是你必備的能力，試著用現實的角度去看交換學年，如果你還沒有準備好接受改變，或許留在家中是比較好的選擇。

30-60 points　花些時間瞭解交換學生的本意，多和他人溝通來瞭解自己，確認交換學年是否是你所想要的，如果你還是想要去參加，那交換學年應該是適合你的。

60-100 points　你對事情感到好奇，並能夠正面思考，你是個天生的交換學生。如果你決定要當個交換學生，祝福你能夠享受這精采豐富的學年。

注意：這個測驗只是簡單讓你評估是否適合當交換學生，並不能當作正式的參考。

Part 2

第二部分　出發前

第六章　選擇交換國家及交換學生機構

當交換學生的第一步是選擇你想去的國家和機構。有些機構提供超過五十個國家可以選擇，有些則提供主要的幾個大國家。通常你心裡都有個目標，可以參考各種資訊來做選擇。

選擇國家

你選擇的國家會對接下來的一年有重大的影響，所以一定要考慮清楚，選個你會想要在那邊待一年的國家，有些冷門的選項常常會讓所有人大吃一驚，像是捷克共和國或是印尼等，不過，不要被傳統的想法給限制住，跳脫原先的框架，選擇你真正想要去的地方。

不管你選擇的是什麼國家，還是要對當地有基本的認識，不要抱著不切實際的幻想。如果因為你是個牛仔迷，就選擇美國當交換國，並且期望能夠住在大草原，你可能會很失望，因為你很可能會住在現代的大城市裡，整天只能看電視裡的牛仔。不要輕率的做出選擇，試著找出你會想要花一年更深入瞭解的地方。

> **Fun fact- 小知識**
>
> 你知道嗎？每個國家的晚餐時間都不一樣，例如說德國人習慣在四、五點吃晚餐；美國人約在六、七點吃晚餐；西班牙則是在晚上十點左右才吃晚餐。

語言

交換國的語言也是非常重要，你會需要當地的語言能力來和接待家庭溝通、交朋友，避免發生任何誤會。

如果你參與交換計畫的目標是要精通一國語言，那你的選擇會容易許多，而你對語言愈瞭解，愈容易有個精彩年度。選擇你已經精通的語言國家可以使你的交換年度更容易上手，選擇新的語言則能拓展語言能力，然而，同時也會遇到很多困難和挑戰，所以最重要的是要喜歡你所選的語言及國家。

對於西方國家的人而言，中文顯然比法文難學；對中文使用者來說，日文學習起來也比其他語言容易。這和語言的演變歷史有關係，和你在語言流利程度的學習成果也有關係，但要記得，語言流利程度的精進不是你的交換學年的最主要目標。

> **Fun fact- 小知識**
>
> 你知道嗎？英文「window」是從古挪威與「vindauge」來的，意思是「wind eye」，指的是可以穿過牆看到外面的小洞，當眼睛從外面看時，風也會從外面灌入，這就是為什麼叫做「wind eye」的原因。

如何選擇

　　首先，把你有興趣的國家列舉出來，再到網路上搜尋相關資料，可以閱讀當地交換學生的資料，列出你認為的優點和缺點。另外詢問前期交換學生也是有很大的幫助，最終選擇你喜歡的國家和語言當作交換學生的目的地。

Fun fact- 小知識

你知道嗎？多數國家的車輛都是開在右邊的道路，但像印度、英國、日本、澳洲則是開在左邊的道路。

交換學生機構

　　交換學生機構的目的是接收學生、登記學校、提供簽證和接待家庭、訂機票、幫助準備期間、提供抵達當地後的幫助等等。

　　各個交換學生機構的不同之處，在於對於以上的事情處理的好壞程度，配對、尋找學生和接待家庭也和交換學生機構負責的領域有關。

如何選擇交換學生機構

　　儘量對這些機構做些搜尋，選擇讓你感到舒服、讓你信賴的合作對象。可以透過網路、簡章、或是和前期交換學生的溝通，獲得一些經驗和資料。此外，可以進一步用打電話或是電子郵件來詢問細節，問他們如何選擇交換學生、如何選擇接待家庭、整個計畫的費用、在國內和國外對學生的幫助等等。

　　注意這些機構是怎麼樣回覆你，他們是否有完整的回答到你的問題？是否有給予夠詳盡的資料？花了多久時間回覆你的電子郵件？當你在詢問花費時，搞清楚包含了什麼服務，最後要確保這個機構有真的在運作，並且有足夠的信譽。

Travel advice- 小建議

讓自己熟悉不同的交換學生機構，比較其中的優劣，選擇最適合自己的。

交換學生機構列表

　　每個國家都有不同的交換學生機構，以下列出幾家是比較大、比較有歷史的機構，可以參考看看，並且上網看更進一步資料，或是詢問你的學校和它們是否有合作關係。

AFS Intercultural Programs (AFS.org)

創立於西元 1946 年。

EF Education First (EF.com/highschool/)

創立於西元 1965 年。

Rotary Youth Exchange (Rotary.org)

創立於西元 1972 年。

注意：此機構在每個國家會由分枝的社團負責，在臺灣稱爲扶輪社。

YFU (Youth for Understanding) (YFU.org)

創立於西元 1951 年。

第七章 申請、面試、書面資料

　　申請當交換學生時，需要經過考試或是面試，當申請通過之後，需要準備書面的相關資料。這會需要大量的時間，但交換學生機構會協助你。

申請

　　基本資料表格是為了讓別人能夠初步的瞭解你，這也是尋找接待家庭的第一道手續，為了讓你的接待家庭有個好印象，用心準備會有很好的效果。

　　在回答每一道問題時，思考周全再作回答。如果可以的話，儘量先擬好草稿，再抄到申請單上。如果必須要用你不熟悉的語言回答，儘量請求學校老師的協助，良好的語言能力可以幫你加分。

Travel advice- 小建議

如果在申請交換學生時，需要寫封信給未來的接待家庭，千萬不要只寫現在喜歡的活動或興趣，還要寫自己樂於嘗試交換國當地的活動和興趣（例如說加拿大的曲棍球、美國的棒球、愛爾蘭的英式橄欖球等）。

> **Travel advice- 小建議**
>
> 申請單上的照片，記得選張帥氣或美麗的照片，好的照片勝過千言萬語。

誠實

　　在面試和填表格時，不要回答你無法做到的事情，接待家庭基本上是依照表格內容來選擇交換學生，如果沒有按實作答，很有可能會找到不適合你的接待家庭。

> **Travel advice- 小建議**
>
> 在申請單上多花些時間，把自己最好的一面呈現出來，如果可以的話，找些能夠證明自己能力的證據，增加自己底牌，這可以在找接待家庭時更有優勢。

面試

　　面試讓交換學生機構能夠面對面的和你接觸，除了讓他們更瞭解你，也是你詢問關於交換計畫有關事項的好機會。面試官會整合你的申請單還有面試資料，來評估你是否能夠參與這份計畫。

> **Travel advice- 小建議**
>
> 面試時千萬不要遲到,放鬆心情保持良好的情緒狀況,重要的是表現出積極進取,勇於追求新知識的態度。

拒絕

　　如果你被交換學生機構拒絕,那記得要去問清楚為什麼。凡事做好退路,早點申請,倘若被拒絕也還可以找別的交換學生機構。

其他書面資料

　　當你被交換學生機構錄取後,你會有更多的表格和書面問題需要回答。這包含健康狀況的表格、簽證資料、疫苗注射紀錄、旅遊保險等。這些書面資料會需要時間和精力去完成,當有疑問或是不清楚時,盡快詢問機構的協助。

> **Travel advice- 小建議**
>
> 盡早完成所有的書面資料,不要拖到最後一刻,愈早完成書面資料,交換學生機構可以愈早開始幫你找接待家庭,你也會有較多的時間來讓自己準備完全。

Travel advice- 小建議

在確認送出書面資料之前，記得影印備份，避免遺失或方便查詢。

Real-life experience- 實際經驗

填資料需要許多時間和精力，用心準備絕對不會吃虧，可以找前期交換學生幫忙，他們會比較瞭解接待家庭想找什麼樣的交換學生。愈早找到接待家庭也可以讓你放心的出國。例如喜歡籃球，所以在申請單中數次提到我喜歡的球員和隊伍，並且希望能夠現場看到 NBA 的比賽，將自己想要的和喜歡的清楚地寫在申請單上，讓他們能夠多瞭解你一點。

第八章　準備

有些交換學生覺得準備的東西太多，會讓驚喜和期待的感覺減少，這是錯誤的想法。一年的交換生活，絕對是你在書本資料上無法獲得的。好的準備工作不會破壞驚喜和期待，相反地，它可以讓你避免失望、誤解、害羞等負面情緒，讓你在面對挑戰和困難時，能夠更快的適應和調整。

心理調適

態度

態度會決定一切，也是當交換學生最重要的事情。積極樂觀地去接受新的觀點和想法，用正面的情緒面對挑戰和困難，隨時做好準備去嘗試新的環境、挑戰、和人群。

改變

居住在接待家庭和在國外讀書也許是目前你人生中最大的挑戰。準備好去

適應新的環境，包含不同的氣候、食物和不熟悉的人。你可能需要比在家中更早的時間起床；你可能到一個網路沒有這麼發達的地區；你可能需要和別人共用臥室；或是騎自行車上學。不管會發生什麼事情，生活一定會有很大的改變。

Travel advice- 小建議

隨時做好準備，預想各種可能的突發狀況，讓自己能夠應付環境的變化。

Travel advice- 小建議

在出國之前，寫封信給一年後的自己，這可以讓自己在心態上做好準備，也可以在一年結束後，看看自己成熟了多少。可以寫對交換學生的期待和嚮往、可能會遇到的思鄉問題、遇到的朋友、喜歡的食物等，任何和你有關的一切。將這封信放在抽屜裡，等交換學年結束後再來看。

接待國家

出國前先透過網路或資料，多少瞭解當地的文化和風土民情，這可以更快的融入人群，也會讓你更有信心。這種準備可以先一步調適自己心態，避免發生不必要的誤會。當你傳達出有興趣去瞭解當地人文和文化時，也可以給別人好的印象。當然，上述的所有都需要溝通來開啓話題。

閱讀交換學生機構給予的刊物、上網或在書報雜誌中找資料、和前期交換學生溝通或是閱讀他們的網誌與日記，可以讓你準備得更充分。

> **Fun fact- 小知識**
>
> 你知道嗎？在許多東南亞的國家，和別人講話時不看對方眼睛是表達你尊重對方的方式。

家鄉

到了國外，你周遭的朋友會詢問關於你國家的一切，關於政治、文化、歷史、最近發生的議題等。回答這些專業知識能夠獲得尊重與信心，所以在出國前，瞭解關於國內的基本資訊，會是很好的選擇。

> **Fun fact- 小知識**
>
> 你知道嗎？許多國家不能直接稱呼別人的姓氏，一定要經過別人同意後，才不會顯得不尊重。

語言的準備

溝通對話是成功的交換學年的必備條件。對語言瞭解愈多，愈可以瞭解他們的對話和文化。語言可以使你更容易找到新朋友、參與日常活動、學習等。當你可以更準確的傳達想法和意見，你可以更享受生活。

也許你會好奇為什麼你需要先學習交換國的語言，反正到了那邊就必定得學。當然，在國外學習的速度和效果更好，但如果完全不懂當地語言，你會

有大量的時間缺乏安全感並感到困惑，學習的效率也會降低。就像數學一樣，需要先學會基本的加減乘除，才能進一步的解方程式。如果別人丟了一道算術到你面前，你卻仍然需要時間去熟悉才能摸索出解答方式，那麼當你解出這題時，時間也已經差不多結束了。所以，做好基本的準備能夠使你更快的調整、適應。

Fun fact- 小知識

你知道嗎？南非有超過十一種的官方語言。

學會基礎的語言對話是很重要的，尤其是很少使用英語的國家。不熟悉語言的這段時間，會感到挫折和沮喪，思鄉的狀況也會更嚴重。

Fun fact- 小知識

你知道嗎？在泰國「你」有超過十二種的說法。

所以從現在開始準備吧！從字母開始，儘量豐富自己的單字量，尤其是常用的名詞和動詞，還有好用的片語，這些基礎可以在轉換語言中更加順暢、流利。也會讓你在結束這年時，有大幅度的進步。

就算你選擇去的國家是英國、美國、澳洲等英語系國家，每國的語法和習慣也略有不同，盡可能早點準備，下次在家中看電影時，記得換成英語字幕吧！

在出國前，盡可能學習外國語言，讓自己準備充足。

語言能力進步的方法

- 多和學校的外語老師溝通，找尋可使語言進步的書或網路
- 多看外語影片並調成外語字幕
- 閱讀你能力範圍內的外語書籍，例如童書、小說、報紙
- 製作常用的單字卡，一面寫上外語單字，另一面則寫上翻譯
- 在日常用品上貼上外語字卡，例如桌、椅、門、窗等
- 尋找關於語言訓練的網站
- 如果對你來說是個全新的語言，找個能夠讓你學會基礎對話的語言課程

將小字卡隨身攜帶在身上，利用空閒時間閱讀，例如在等捷運、等公車時。

物質上的準備

出發前，有三件事情你需要思考：

外幣的使用

　　首先，在國外你必須要自行理財，多數的情況會使用國際認可的信用卡或提款卡，像是 Visa 或是 Master Card，用提款機（ATM）來提領現金，或是在國外開一個銀行帳戶，用轉帳的方式將錢匯過去。你也可以攜帶旅行支票或是在國內的銀行換錢帶過去，保險的話，可以攜帶部分國際通用貨幣（像是美金），以確保國外換錢順利。但要記得，攜帶大量金錢是很危險的。旅行支票並不是所有地方都適用。選擇換錢時，比較不同的銀行，選擇最便宜或最有信用的金融機構。

和家庭保持聯繫

　　第二，選擇和家庭聯絡的方式。一個建議是 Skype（skype.com），可以用網路免費通話，也可以買跨國電話卡來撥話，但是電話卡和跨國電話的費用通常是分開計算的。

手機

　　第三，參考國外使用手機的費用，通常和不同國家的電信業者有關。你可以選擇攜帶手機出國，再到國外換當地的 SIM 卡，或是直接在國外購買手機。這個手機號碼可以讓你和接待家庭聯絡、和朋友們傳簡訊等。出國前要確認手機在國外是否能適用。

建議的準備事項清單

- 交換學校的相關資料、其他相關訊息
- 確認護照是否在有效期限內
- 確認是否需要辦理簽證
- 購買旅遊保險
- 確認是否需要注射疫苗
- 計畫如何在國外使用金錢
- 決定如何和家裡保持聯絡
- 購買給接待家庭的禮物
- 把和別人借的東西全部歸還
- 讓自己熟悉交換學生機構所給予的限制

Travel advice- 小建議

知道接待家庭之後，可以先寄 e-mail 去打聲招呼，或是認識一下家中的成員，提早認識接待家庭可以幫助你快速地融入環境。

第九章 打包：我該帶些什麼

　　打包行李也許是準備過程中最有趣的一項，但知道要帶什麼並不是件容易的事，最好還是考慮清楚再放進包包。

　　打包行李前，確認航空公司允許的攜帶大小和重量。通常的限制是 20 到 23 公斤（44 到 50 磅），別忘了，也許你還會需要另外一個行李箱來把在交換學年購買的紀念品帶回國。拿到機票的那刻起，上航空公司的官方網站來確認限制，或是詢問交換學生機構。

　　打包完成後，如果行李箱還有很大的空間，最好先預留些空間。因為交換學年會獲得大量值得紀念的物品，要留些空間給這些紀念品。

Travel advice- 小建議

不要等到最後一天才打包，打包行李可能會需要一段時間，至少在兩個禮拜前就應該開始思考要帶的東西。

衣服

　　根據你去的地方來決定要帶的衣服，要考慮以下的兩個因素：氣候和文化。上網確認當地冬夏的氣溫還有氣候，考慮是否要攜帶厚重的衣物如雪衣，或是攜帶短袖為主就足夠。還有，要確認所攜帶的衣裝是否符合當地文化，像西方國家的女性通常穿得比較輕鬆、開放，常可以見到無袖或是低領口的服裝，但有些國家則不適合這樣的穿著。又例如像在泰國，橘色衣物通常是和尚的穿著。

Travel advice- 小建議

如果你去的地方有賣比較便宜的衣服，那在出國前就不要買太多新衣服，等到了國外，你可以看看同年紀的青少年平常穿的衣服，再來決定要買的款式。

給接待家庭的禮物

　　準備小禮物給接待家庭通常是交換學生釋出善意的一個方式，主要是來感謝他們的接待。禮物不需要昂貴，心意比較重要。準備具有代表性或是象徵性的物品，例如說一本書，或是有城市、地標、國家圖樣的衣服，如果知道接待家庭中有小孩子，可以準備來自家鄉的傳統糖果。

如果帶的行李有多餘的空間，何不考慮多帶點小禮物，交換學年中，也許你會遇到很多很棒的人，給個代表家鄉的小禮物，可以讓他們對你印象深刻。

相簿

你的接待家庭絕對會對你家鄉的照片感到興趣，所以整理一本相簿，放些個人、家庭、朋友的生活照，也可以放些有濃厚回憶的照片，像是教室、公園、交通工具等。如果你不想浪費行李箱空間在相簿上，也可以將照片放進隨身碟裡面，可以列印出來、或是以電子郵件的方式傳送。這種便宜、簡單又快速的方式，絕對會受到接待家庭的歡迎。

特殊物品

如果你在考慮是否要帶大型的樂器、運動用品、或特殊興趣的物品時，考慮一下在國外會不會有機會使用到。也許，在國外的你會想要嘗試一下其他新的東西。從另外一個方面來說，如果這樣東西對你來說很重要，那麼你可以分享給接待家庭或朋友，但是，最好先確認它好不好攜帶、可不可以在國外買到或租到。最後，如果確定要帶樂器或是大型物品，記得詢問航空公司。通常航

空公司對於大型物品有特殊的計價方式。另外，也可透過航空郵寄的方式，直接寄到接待家庭。

> **Real-life experience- 實際經驗**
>
> 我特別帶了扯鈴到國外，在演講和介紹文化特色時，都可以拿出來表演，我的同學們對扯鈴感到非常新奇，要求我在放學後開班授課，回國前，我還把扯鈴送給我最好的朋友。好奇心是不分國籍的，用自己擅長的項目來交朋友吧！

建議攜帶物品清單

- 衣服
- 特殊場合穿的正式服裝
- 鞋子
- 特殊場合穿的正式鞋子
- 個人衛生用品
- 個人藥品（如果需要）
- 字典
- 這本書
- 相機
- 手機
- 重要文件的備份（簽證、護照、申請單、規章等等）

- 給接待家庭看的相簿
- 音樂播放器（如 iPod）
- 筆記型電腦（如果有需要）
- 有家鄉圖片的書籍
- 家鄉的音樂（可以播給國外的朋友聽）
- 給接待家庭的禮物
- 電源轉接器

電源轉接器

　　你要去的國家使用的電量和伏特數未必和家鄉一樣。像筆電、手機這樣的電子產品，充電器通常都有變壓的功能，但像吹風機等插電式的電子產品就需要變壓器。出發前上網搜尋一下相關資料。通常機場和旅行商店也會販賣電源的轉接器。

Travel advice- 小建議

記得在行李箱上標註名字和地址，還可以貼上有顏色的條子，方便你找到行李，也可以避免拿錯的情況產生。

隨身行李

出國前，先上網確認隨身行李可攜帶的限制和規定。航空公司建議將貴重物品如筆記型電腦、珠寶、相機等放在隨身行李裡。此外，飛行途中也許會需要些書籍和一件薄外套保暖，最好也一併放入隨身行李中。

隨身行李物品建議清單

- 護照和簽證
- 飛機票和旅遊的相關文件
- 含有關於接待家庭資料或聯絡人的文件
- 充滿電的並且可以使用的手機
- 小字典（非英語系國家需要）
- 一些交換國家的現金（以備不時之需）
- 需要放在隨身行李的物品（相機、筆記型電腦等）

超重了？

如果你有太多東西想帶但還在猶豫時，建議列出重要物品的清單，並依

照優先程度依序放進去。並且，將可以在國外購買的物品排除。洗髮精、潤髮乳、筆記本等日常生活用品和文具可以輕鬆的就在國外買到；登山鞋、衝浪板等則建議可以留在家中，除非你確定接下來這年有機會登山或是衝浪。如果包包真的超重塞不下，也可以考慮直接用航空郵寄的方式寄到接待家庭。

Travel advice- 小建議

如果有東西不確定該不該帶，可以先放在一個箱子裡準備好，如果有需要的話，再請家人郵寄過去。

第十章 啟程

　　離開的前一天是很興奮的，畢竟隔幾個小時後就是不一樣的生活和家庭。但同時你的心情也是複雜的，會因為身邊的家人、朋友離別而感到難過，同時也會對新朋友產生嚮往。不管抱持著怎樣的情緒，昂首面對眼前的挑戰，冒險正要開始。

離開前的最後一天

　　如果你夠明智的話，行李打包和準備事項都應該已經按時完成，這可以減少最後一天的壓力。此外，還可以將這個時間拿來享受，和朋友出去玩或是和家人吃頓飯。不管如何，在這最後一天，充分休息來揭開這趟旅程的序幕。

Travel advice- 小建議

出發前一天做點有趣的事情，讓自己保持輕鬆和愉悦的心情。

離別派對

一個離別派對是個和朋友說再見的好方式。這個派對只要在出發前舉辦即可，不一定要在離開前的最後一天，尤其是你隔天還有飛機要趕。

時差

如果飛行要跨越時區，便需要調整時差。許多人不擔心調整時差的問題，但如果想降低它的影響的話，可以試試看以下的建議：

1. 前一晚的充足睡眠可以讓身體休息，也可以更容易適應時差的轉換
2. 在旅行前和飛行中多喝些水
3. 如果有時間和機會，可以參考目的地的時差來調整睡眠時間，如果目的地在西邊就早點睡；如果目的地在東邊便晚點睡

出發當天

這天便是出發的日子，幾小時後你就要離開生長多年的環境。這天不適合熬夜，你需要準時起床到機場，建議最好設定兩個鬧鐘以防萬一。如果需要開車到機場，要預留塞車、停車等時間。如果是透過火車或是巴士，搭乘自己熟

悉的班次和時間，不要搭最後一班車，儘量提早到達機場。最後，記得要確認是否有把全部的行李帶齊。

登記（Check-in）

確認將行李交出去前，有貼上標註名字和聯絡方式的行李貼條（貼條會在登記櫃檯的附近）。如果需要轉機，記得再次確認行李會被送到哪裡，並搞清楚是否需要自行提領轉運。登記完後，你會拿到一張小的行李收據，上面會有一串編號，當行李的轉運出問題時，你會需要這串號碼。

轉機

多數的交換學生至少需要轉機一次，如果轉機的過程小於三個小時，盡快找到下個登機門以確保不會遇上意外。有些大型機場需要搭乘巴士、捷運來換登機門，再次進行安全檢查和護照確認也需要些時間，在這個情況下，最好等

找到登機門之後再開始吃飯或是在免稅商店買東西。

　　這個原理同樣適用在轉乘公車或火車。到達後，第一時間找到站牌、月臺，可以將錯過正確班次的機率降到最低。

Travel advice- 小建議

在轉運站或轉機處時，記得要先到達登機門確認航程正常。

Real-life experience- 實際經驗

我到接待家庭需要轉乘三班飛機，從西雅圖轉機到鹽湖城的航班延誤，導致沒有辦法準時的搭到下班飛機，知道自己錯過飛機的當下非常驚慌，完蛋了！運氣這麼差！但我馬上到服務臺和櫃檯小姐說明我遇到的麻煩，她很熱心地幫我安排了下班飛機，還給我一張十元美金的兌換券，讓我在等待飛機時能夠購買食物、飲料。等待的過程中，打了電話給接待家庭和聯絡人，但電話都沒有通，我想說慘了，接待家庭對我第一印象大破滅，所以又打了電話給交換學生機構在美國的負責人，她告訴我不用緊張，會幫我通知接待家庭，並且祝福我有美好的交換學年，掛電話後我擔心自己又錯過下班飛機，所以一直待在登機口處，那十元美金的兌換券還留在我的包包裡。冷靜的面對緊急狀況，可以讓你學會處理問題的能力。

到達

　　到達目的地後，你將會和接待家庭或聯絡人見面，儘管非常疲憊，還是要拿出正面的情緒和態度，第一印象非常重要。

Travel advice- 小建議

第一次見到聯絡人或接待家庭時，記得要帶著微笑。

如果行李沒有出現在傳輸帶上

1. 確認是否站在正確的航班行李傳輸處
2. 等待「最後一個行李」（或類似）的標示出現在螢幕上
3. 前往行李領取櫃檯（通常在傳輸帶附近），你會需要當初寄掛行李的收據（那串號碼），工作人員會協助你。如果你的行李沒有到達機場，通常會是航空公司的責任，那麼他們會將你的行李免費寄到住處

如果行李被破壞了

　　行李被破壞的機率很低，然而如果真的發生，和航空公司櫃檯溝通，工作

人員會來確認行李的破壞程度。如果沒有人來確認，那無論是旅遊保險和航空公司都不會進行賠償。此外，和航空公司詢問賠償的金額和申請步驟。

如果班機延誤了

如果你的其中一班飛機延誤，導致沒有轉機成功，和航空服務處聯絡，他們會盡可能安排下一班飛機的機位。記得打電話通知接待家庭、聯絡人、以及交換學生機構，告知他們你將不會按照原本的時間到達。

Part 3

第三部分　國外

第十一章 當一個交換學生

　　當交換學生的這一年絕對會是人生中最特別的年度。決定要去哪個國家後，接下來，故事的場景已經被確定了，但實際上究竟會發生什麼事、遇到什麼狀況都會因人而異。你將會是故事的主角，同時也是作者，任何選擇、態度都會影響接下來的劇情，不論故事怎麼發展，都將由你親手書寫這獨一無二的篇章。

經驗的成長

　　當交換學生絕對會比在家中更自主、更獨立，這年你會快速地成熟長大、更瞭解自己，也更能從新的觀點看世界。

新環境、新身分

過去你對周遭的生活環境非常熟悉。你有可能是家中最小的小孩、或是唯一的小孩，有舒適又熟悉的生活圈，過著中規中矩的生活。

然而，身為一個交換學生，你要接觸新的規矩和環境。在別人眼中，你就是個從國外來的交換學生，也許在寄宿家庭中，你將變成家中最大的孩子，下面有五個弟弟妹妹。

這也是交換學生的有趣之處：可以獲得與從前截然不同的經驗。也許接待家庭位在都市中的公寓或是田野中的農場；也許家中會有艘遊艇或是根本沒有汽車；也許學校規定要穿制服或是可以隨意選擇喜歡的課程，例如跳舞、旅遊、攝影等。

不管遇到怎樣的狀況，抓住身邊的機會，保持樂觀和積極，讓每個回憶都充滿歡笑與成就感。

重新開始

不管從前過得如何，踏上前往交換的國家那一刻起，你便是從頭開始展開新的生活。無論是貧是富、北方人還是南方人，這些標籤將不會被帶到新的國家，接待家庭和朋友會有機會重新認識你。趁這個機會重新介紹自己，展開新生活。

外交大使

　　交換學生同時也是代表母國的外交大使。很多人從前沒遇過來自你家鄉的人，所以他們很容易藉由你的行爲來定義你的這個國家，尤其是人口較少的國家。國家對外的接觸愈少，你所給予的印象就更爲重要，所以記得你當交換學生的一年，同時也代表著國家的形象。

Travel advice- 小建議

不要在 Facebook 或社群網站上表達你對接待家庭或新環境的不滿，這會讓自己陷入負面的情緒，多發現樂觀的動態，心態也比較容易調適。

起起伏伏

　　所有交換學生的生活一定會遭遇起起伏伏，發生的時間可能不同，但是必定會經歷。尤其當你身爲交換學生時，所接收到的情感會更加強烈，不管是好還是壞皆然。下面的這個圖表顯示交換學生可能的心情起伏，每個人遇到的不會相同，但還是要有心理準備可能會遇到這些困難。

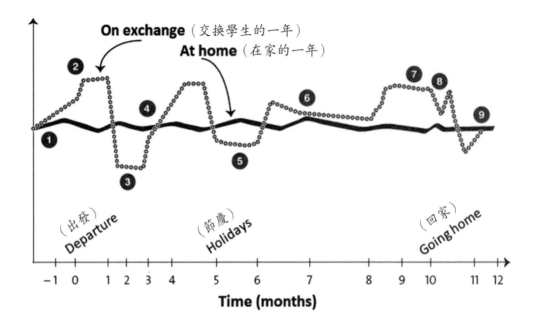

1. 出發前：你很期待交換學年

2. 到達：所有新的事物非常吸引你，你玩得很開心

3. 文化衝擊：蜜月期過完之後，所有事情便開始變得沒有當初那麼好

4. 調整：你逐漸適應這邊的環境，開始交到新朋友

5. 家鄉的假期：開始想你的家庭，聖誕節、新年、春節等

6. 半年：已經熟悉這邊的環境，參與很多活動

7. 最後一個月：語言能力的進步使你交到不少朋友，習慣這邊的生活而且很享受這個環境

8. 調整：不想要離開這邊的朋友和家人

9. 回家：你需要重新適應家中的環境

　　現在你大概知道當交換學生包含眾多起伏。不過不要擔心，享受快樂的時光，遇到不順利時，也不要放棄，勇於面對挑戰，正面的思考讓自己充滿活力，正所謂「不經一番寒徹骨，焉得梅花撲鼻香」。

第一週

　　對於許多交換學生來說，第一周是充滿驚奇和驚喜的。你所接觸到的東西都是新的：新朋友、新語言、新的食物、新的人生，對於新世界抱有的好奇心使人興奮，但這不會持續很久，學校作息和作業會把你拉回現實，挑戰即將開始。

和家庭保持聯絡

　　隨著科技的進步，和家庭聯絡並不需要花很多錢，藉由 e-mail、Skype 或社群網站如 Facebook 等，可以迅速和家鄉保持聯繫，並不需要像從前那樣靠著一封封跨海家書。

　　和熟悉的家人、朋友時常保持聯絡是很正常的一件事，但如果花太多時間在上面，會對體驗交換學生的過程產生負面的影響。有些學生浪費大量時間在

Skype 和 Facebook 上，導致他們忽略了當交換學生的初衷。如果選擇花時間在上網或是講電話，會失去很多寶貴的時間去認識新朋友，或是和接待家庭建立良好關係。

太多和家鄉的接觸也容易引發思鄉症狀的產生，也會給接待家庭一種「你在這兒不快樂」的感覺。儘量限制自己使用這些聯絡工具的時間，每天一、兩通電話打回家就非常足夠了。

你的聯絡人

聯絡人的角色是負責協助整年的進行，如果有任何問題、擔憂、困難，需要找人討論，又不想或不便與接待家庭溝通時，你便可以請求他們的協助。有一點要注意的是，這些聯絡人通常都是自願幫忙的，他們並沒有獲得薪水的資助，所以也不要期望他們能夠二十四小時的出現在你身旁（如果有緊急狀況，通常是撥電話給交換學生機構提供的緊急專線）。

多數的聯絡人很樂意聽到關於交換學生的消息，不管是過得順利，還是遇到麻煩，每隔一段時間，可以寄封 e-mail 或是打電話告訴聯絡人你最近過得如何，如果去旅行的話，也可以寄封明信片給他。

消費

　　如果你前往的地方有比較便宜的商品，或許你會花很多錢在購物。但是，比同齡孩子花更多錢，有可能會產生負面的影響，例如對錢的價值觀改變，導致奢侈、浪費；也有可能因為花錢的理念不合，導致和朋友關係的疏離。

　　如果你很喜歡消費，將小的購物袋放進大的購物袋當中，讓實際的購物數量看起來比較少，避免炫耀財富，以免引發意外。不要帶太多現金在身上，儘量帶和同學們差不多的錢就好。

> **Travel advice- 小建議**
>
> 注意自己的花費，不要比其他同年齡青少年多花太多錢。

手機

　　在接待國家你會需要一個新的號碼，打電話給接待家庭和朋友都會比較便宜、更方便，傳簡訊的費用也會降低，就算你不在乎付每分鐘兩元美金的電話費，撥打給你的人仍可能會想要避免這樣的支出（在美國，收簡訊和接電話也都是要付費的）。

安全

當交換學生其實是很安全的。你會發現，接待家庭為了保護你，可能會對你的行為有多一點的限制，接待家庭和聯絡人也會告知你較危險、需要避免的地方。為了確保自身的安全，以下幾點是需要注意的：

1. 隨身攜帶接待家庭電話。如果記憶力不好，可以寫張字條，放在皮包裡

2. 記住國外的緊急電話

3. 離開接待家庭時，記得隨身攜帶手機

4. 將保險相關的卡片放在錢包或是包包裡，不管去哪裡都帶著它

5. 夜晚不要一個人在外面閒晃

6. 輸入提款卡密碼時，記得確保沒有人能偷看

7. 不要隨身攜帶大量金錢

8. 如果經過有問題的鄰居或是形跡可疑的人群，不要顯露出緊張或是不安，也不要像觀光客一樣東張西望，保持平常心走過，比較不容易成為目標

9. 不要將自身的詳細資料交給不熟悉的人

10. 如果看到前方有怪異的人想要切換人行道時，不要等到很靠近才換

Fun fact- 小知識

你知道嗎？有些國家的時間不會按照一般時區的規定，當歐洲時間為中午 12:00 時，印度的時間是下午 4:30，委內瑞拉為早上 7:30，伊朗則是下午 2:30。

Real-life experience- 實際經驗

Try EVERYTHING!

到了一個完全不同的地方時，可能有很多東西是新鮮的、是奇怪的、是令你不敢嘗試或想像的，但是請你多給自己一點勇氣，去試試看！交換學生不是一個每天都會有的機會，所以更應該把握好一年的時光，多做一些可能一生都不會再有機會做的事情！不要怕丟臉，讓自己去瘋狂吧！那些將會是讓你留念一生的回憶。

～前期到美國（Minnesota）的交換學生 Catty 分享

第十二章 國外生活

對於交換學生，融入外國生活是件很重要的事情。適應新生活、和人溝通、融入環境是成為一個成功交換學生的三個要素，然而融入不是一件容易的事情。

國際觀

我們認為的不禮貌、粗魯、基本禮儀等都受到從小教育的影響，不過每個國家的文化都不相同。例如在馬路上吐痰被許多國家視為不尊重，不過對於有些國家而言卻是很正常的事。在自己國家中，可以藉由別人的行為來評斷他的文化素養，但這些卻不適用在別的國家。如果仍舊堅持自己的價值觀，不試著接受他人的文化，那麼你將會遇到很大的麻煩。

為了要瞭解不同的文化，溝通是非常重要的一環。觀察周遭人的反應，凡事多想一下再做決定。例如說：在有些國家，比個大拇指的意思是「一切順利」；有些國家指的是「第一」；在某些國家，它甚至還代表了侮辱的意思。

你必須要學會接受不同的文化，辨識、瞭解、接受不同文化，使跨文化交際能力增加。接下來會有幾種方式能幫助你增強這種能力。

不是錯誤，只是不同

首先，培養這個交際能力前要先清楚一點：沒有什麼文化是絕對正確或錯誤，只是價值觀念不同。例如說在美國，站在浴缸裡淋浴是很正常的；在印度尼西亞，當地人則習慣用勺子盛水淋浴。這兩個不同的文化沒有誰優誰劣，但我們卻很容易用主觀的印象來判斷誰比較「高級」，這個想法是錯誤的。

如果你在蒐集資料時下意識地覺得某個文化看起來很遜，那麼你很有可能會冒犯到他人。如果你因為不想要融入這個文化導致自己適應不良，保持這種心態只會對你的交換學年產生負面影響。提醒自己沒有哪個文化是完美的，吃東西、打招呼、互動和溝通，其實都是一樣的，沒有誰對誰錯，只是文化的不同。

Fun fact- 小知識

你知道嗎？在泰國幾乎所有東西都有泰國國王的畫像，國王被認為是最值得尊敬的人，因此用腳踩住滾來滾去的錢幣是非常不尊重的。（錢幣上有國王頭像）

聚焦文化差異

　　第二步則是去觀察文化差異的內容。我們透過看的、聽的、聞的、感覺的來瞭解不同文化的差異，但最重要的差異其實不容易發現，通常我們看到的僅僅是冰山一角，可以輕易發現的通常只是海面上露出的一小塊，真正基礎的、重要的大部分其實都在海面下，某些規範、習慣通常要熟悉生活方式後才能慢慢發現。舉例來說，有些國家表面上可以拿別人的外表來開玩笑，但隱含意義通常都會是種侮辱；知道正式場合該穿什麼衣服，可以輕易透過眼睛來看到，但要瞭解他們在交際應酬時喜歡什麼樣的笑話類型，就需要時間的觀察和融入。在不瞭解的情況下，很容易在不經意中冒犯到別人。

　　因為觀察文化中的差異是件困難的事，所以更需要你專注在溝通和互動上。例如在阿拉伯世界，兩個熟悉的男人在路上手牽手走路是很正常的；但在別的國家可能會覺得怪怪的。如果遇上你覺得奇怪的事，先停下來想一想，問問看自己這是不是文化的差異吧！

處理負面的環境和狀況

　　第三步則是學習如何面對你不喜歡的情況，例如沒有安全感、或是被冒犯。你必須要學會將自己原本的文化暫時放在一邊，那些不適當、攻擊性、冒犯性的詞語，在國外可能是很通用、常見的詞彙。例如一個美國公民可能會因為葡萄牙麥當勞裡的餐點包含啤酒而感到驚嚇，畢竟在美國，這是非常不恰當

的。如果你遇到被冒犯或是不舒服的場合，設身處地站在別人的立場想想看，思考文化差異，並且在做出反應前，多想、多看、多觀察別人遇到同樣的狀況會如何應對。

價值觀差異的例子

集體主義 vs. 個人主義

　　有些文化強調自由和個人選擇，有些則相反地強調團隊合作。在 Richard Nisbett 的書 "*The Geography of Thought*" 裡談到，東亞的民族強調團體內的互相幫助，個人只是團體中的一分子；西方民族則強調每個人對於選擇的自由。

時間的觀念

　　假設你約一群朋友星期六下午兩點時在公園前大樹下集合，你要在什麼時候出現？如果你是德國人，你會決定「比兩點早一點到」；如果你是巴西人，也許你會告訴自己「我會三點到」。現在，假設一個德國人到巴西當交換學生，下午兩點到公園前大樹下就會發現沒有半個人來，四十五分鐘後，他將帶著沮喪的心情決定回家；倘若是巴西人來到德國當交換學生，當他在下午三點出現時，將會發現大家對他的遲到一小時感到非常生氣。

　　不同文化對於時間的判斷也不同，有些國家遲到二十分鐘是很正常的，有些則會被視為沒有禮貌。

宗教的不同

在很多國家中，宗教會涵蓋到整個生活圈；對於有些國家而言，宗教則被認定是很私人的事情。有些地方可以開宗教的玩笑；有些地區則認爲這是冒犯的行爲。

和諧 vs. 公平

有些國家的文化中，辯論、爭執、公聽會是生活中很常見的事；有些文化則傾向強調和諧。Richard Nisbett 的書中提到，東方民族比較容易調解，團體較容易和諧；但在西方則會爲了公平、公正而犧牲和平。

Real-life experience- 實際經驗

還記得在美國的時候，偶然和高中同學聯絡，發現他最近看了一部在臺灣被分類爲輔導級的電影很好看，所以我推薦給接待家庭，然而卻被接待家庭強力反對，並說明家中不能播放限制級電影，我很努力地說明這只是輔導級而不是限制級，於是他們直接點出美國的電影分級制度讓我清楚分級。原來臺灣和美國的電影分級制度是不一樣的，臺灣能看的，美國不一定能看。當我瞭解到原來是文化上的差異時，我向他們道歉，告訴他們我還有很多需要學習的地方，希望他們能夠體諒我。很多小地方需要深入文化的基層，才有可能看到、體會到。

第十三章　打造順利的一年

　　當交換學生的一年，你必須要保持積極冒險的精神。雖然很多因素都是由運氣決定，但你可以掌握的事情也很多。

　　每個人的人格特質也會影響這年的順利程度，通常和準備、態度、觀察、溝通、興趣、樂觀、解決問題的能力有關，接下來會分項討論這幾點。

準備

　　準備可以幫助你收穫更多，可以提早確認自己想要的目標，並且達成計畫。隨時做好準備，畢竟機會是留給有準備的人。不管在出發前還是在國外，準備好每個課程和活動，不要留下任何遺憾。

> **Real-life experience- 實際經驗**
>
> Just go for it!
>
> 「Incredible year」這是我的心得，或許有挫折，但克服了它，快樂的一年就是你的。每位交換學生都有自己的故事，在看這本書的你，何不去當一年的交換學生，換你去當故事的主角呢？
>
> ～前期到美國（Florida）的交換學生 Kido 分享

態度

　　面對事情的態度會影響你的心情和結果。調整自己的態度，像海綿一樣吸收外來環境的養分，很多事情沒有對錯之分，只是因為文化或是觀點的不同而有所差異。例如說非洲撒哈拉南面的一些國家，有所謂的「African Time」。這裡的巴士不會按照規定時間到達，而是車滿了就走；這裡的店家不會按照規定時間營業，而是依照老闆的心情而定；會議不會按照議定行程開始，而是等全部人都到了才開始。對於絕大多數的人來說，這個模式會讓人抓狂，但真的遇到，還是必須學習、瞭解它，沒有誰對誰錯，只是文化不同。

觀察

　　剛開始到新家庭、新學校、新文化時，很容易產生不安的感覺，這些不安定的感覺時常會導致文化上的誤解或是紛爭，但只要仔細觀察一些小細節，或是注意別人的相處，很容易就可以避免這些問題的產生。看看當地學生和老師的互動、老師在學生沒交作業時的反應、接待家庭中最重要的規矩等。如果他們覺得出門要打電話回家很重要，那你應該要努力遵守；如果接待家庭的弟弟很喜歡看某個時段的電視，那應該要在那個時段把電視讓出來。觀察周遭的人有關生活的一舉一動，你可以更容易地融入到這個環境中。

溝通

　　沒有人可以知道你腦袋裡在想什麼、懂什麼、不懂什麼，所以溝通便是解決這些問題的中心，它可以讓人與人之間的互動更加容易，特別是接待家庭和學校，適當的溝通可以解決多數的問題，如果遇到聽不懂或是不知該怎麼做的狀況，向身邊的人詢問，他們也可以幫助你解決問題。

　　看看以下的例子：

　　每天早上，接待家庭的媽媽（host mom，簡稱轟媽）都會開車載你去學校，她要求你必須在早上 8:15 前準備好。但是，你的接待家庭只有一間廁所

可以使用，每次排隊到最後都會晚五分鐘才準備好，轟媽不懂爲什麼你每天都遲到，而且她覺得你把這件事情視爲理所當然。然而你平常也是個很準時的人，所以每天遲到五分鐘你也感到很困擾，但你認爲這是情有可原的，所以你也沒有説什麼。最後，有一天轟媽受不了每天總是遲到五分鐘的你，對你的行爲表示不滿而大吼大叫。

　　以上的案例其實可以透過溝通很輕鬆地避免。如果不問，你不可能知道別人是怎麼想的，別人也不會讀心術。好的溝通技巧，可以順利的度過困難和誤會。

> **Travel advice- 小建議**
>
> 用讚美代替責備和譴責，你可以表達出自己的意見，但是批評沒有任何的好處，通常只會讓氣氛更加尷尬。

興趣

　　和周遭的人分享你的興趣。試著參與那些對於接待家庭而言重要的活動，儘管對你來說不是那麼有趣，和朋友或接待家庭一起做事是培養良好關係的方式之一。

樂觀

　　用正面的思考來面對事情，保持快樂的心情和微笑，如果你是個樂觀的人，可以給別人好相處的印象，別人也比較容易接近你。研究報告也顯示，樂觀的人可以很享受生活，而且壽命也比較長久。

面對困難、挑戰、誤解

　　幾乎所有的交換學生都會遇到困難和挑戰，如果適當的處理，能夠將傷害降到最低，如果覺得你的行為不適當或是容易造成誤解，多和他們溝通，避免誤會的產生。

> **Travel advice- 小建議**
>
> 當文化產生誤會時，不要堅持自己的立場，理性的解釋你的觀點和文化，避免誤會產生隔閡，有時候道歉可以讓文化彼此的衝突降低。

其他事項

- 不要一直強調自己的原生文化比較優秀，會讓別人覺得你很自大，而且不喜歡他們

- 多和其他國家的交換學生交流，他們可以給你不一樣的感覺和想法
- 和聯絡人保持良好的關係，在你遇到困難時，你會需要他們的協助
- 如果家中有年紀比你小的弟弟妹妹，多和他們玩，這是融入家庭很好的方式，同時也可以從中學習語言和文化

Real-life experience- 實際經驗

幫自己建立可以留意生活的小習慣

有句話說，細節都藏在魔鬼中。其實，生活的美好也都藏在細節中，小地方可以讓你驚奇，可以讓你更瞭解你所到的新地方，更可以幫你建立聊天話題喔！像我就很喜歡研究車牌。美國的車牌，每一個州都長得不一樣，甚至可以自己設計，所以每到一個停車場，我都會注意有沒有我沒看過的車牌設計，而這也帶給我很大的樂趣。

～前期到美國（Minnesota）的交換學生 Catty 分享

第十四章　接待家庭

　　絕大多數的交換學生會居住在接待家庭中，因為家庭是所有文化的核心，也可以提供安全上的保護，同時提供良好的學習及經驗獲得場所，緊密的生活可以加速文化的學習。許多交換學生在離開多年後仍然和接待家庭保持聯絡，有些甚至成為一生的朋友。有人說，如果交換學生沒有待在接待家庭，那整個交換學年就會變成另外一個故事了。

一個典型的接待家庭要有什麼樣的特質

　　這其實是個很難直接回答的問題，因為每個接待家庭都不一樣，有些家庭只有一個小孩，有些有很多個小孩，有些甚至沒有小孩；有些住在大都市，有的住在小鄉村；有的家庭曾經接待過別的交換學生，有的沒有；有些家庭的孩子則也去別的國家當交換學生。另外，有些家庭會選擇一次接待兩個不同國家的交換學生，也有可能你的接待家庭是個單親家庭。

　　但要注意的是，接待家庭的組成並不是那麼重要，他們都是因為想和交換

學生交流文化、分享生活的點點滴滴才選擇擔任的，這是自願而且沒有酬勞可拿的職責。何況家裡多出一個人，開銷自然增加，所以，接待家庭的特質便是希望交換學生能夠開心的分享過去和現在的生活。

> **Fun fact- 小知識**
>
> 你知道嗎？在俄羅斯，聖誕節不是在 12/24-25 慶祝，而是在 1/7。

什麼樣的接待家庭最適合我

接待過很多交換學生的家庭可能對於接待很有經驗，但因為過去豐富的經驗，他們很有可能提高對交換學生的期望，並減少他們對你的熱情和興趣。家中有小孩的家庭，可能希望有個哥哥姐姐能夠幫助他們，陪他們長大；而那些沒有小孩的家庭，也可能會希望你能夠和他們相處多一點時間。

所以，平心靜氣的接受你的接待家庭，不要浪費時間在失望或是迷惘中。就像前面幾章說過的，調整自己的態度和心態，才是交換學生真正需要的。

在接待家庭的第一天

來到接待家庭的第一天，他們通常會對你很友善、好奇，因為對於他們

來說，你是家中全新的成員，對你的態度也會像是對客人一樣的友善親切。然而，隨著時間的過去，當你慢慢融入學校和家庭生活時，你會漸漸變成家中普通的一員。別擔心的太多，享受第一天的驚喜和熱情，好的開始便是成功的一半。

不同的家庭

對你來說，你也必須要適應或熟悉家中其他的成員。有些事情會根據文化的不同而有所差異，像是吃的食物可能不太相同、家庭的習慣和規矩可能不同，還有他們對你的期望可能有別於其他小孩。

我們無法確切的說你會遇到什麼需要調整的問題，但一定會有很多，所以學習接收不同的文化，調整自己讓事情變得比較簡單。

記得先前提過的：沒有誰對誰錯，只是文化上的不同。世界上沒有標準說吃飯該怎麼吃、打掃該怎麼打掃、電視該怎麼看，一切沒有對錯，只有文化上的不同。

Real-life experience- 實際經驗

在美國待了半年之後，我開始習慣融入當地的生活。但有一天，轟媽突然很嚴肅地找我去談話，她說她和轟爸之間有些問題，可能會離婚，轟爸會自己搬出去住，問我能不能夠接受這件事情。當下我很震驚，也很難過，那時候想說，為什麼我當交換學生這年居然會遇到這種事情，而且我從來沒有看過他們吵

架。事後我問轟姐會不會感到難過，她出乎我意料之外地沒有受到太大的打擊，可能是美國離婚率太高的關係吧！幾天之後，轟爸帶著他的狗搬到外面去住，我只好再開始適應沒有轟爸的環境，幾個禮拜後的一個晚上，我和轟姐還有家中的另外一名紐西蘭交換學生，一起去和轟爸吃晚餐，沒想到再看到他時，彷彿老了好幾歲，蒼白的頭髮和憔悴的容顏，後來轟姐才告訴我，轟爸晚上都會一個人偷偷的哭。

幸運的是，之前早已訂好的全家旅遊沒有受他們的關係而取消，所以又給了轟爸一個挽回轟媽的機會，那段全家旅遊中，轟爸和轟媽坐在前座手牽著手，我們在後座看的心裡都甜甜的，很顯然的，轟爸成功修補了和轟媽的關係，旅行結束後，轟爸就帶著狗搬回來和我們一起住了。

～前期到美國（Arizona）的交換學生 Christine 分享

在家中的角色

　　有些交換學生會對自己的角色感到困惑：我是去當一個客人而不是傭人，為什麼交了這麼多錢，我還要去別人家幫忙洗碗盤？然而，交換學生要知道，整個計畫最基本的原則是：你是這個家庭中的一分子，因此必須要像家庭中其他人一樣做家事，至於要幫多少忙就要看每個家庭不同的模式。也許你的責任會是帶狗出去散步、清洗碗盤、接年紀較小的弟弟妹妹回家等。

家庭規矩

通常家中的習慣和規矩是不會寫在牆壁上的，必須要長時間觀察細節來得知。以下有幾項關於規矩的資訊可以詢問接待家庭，提供給你參考看看：

1. 要負責什麼樣的家事
2. 洗衣服的流程
3. 洗澡的規矩，還有早上用廁所的時間
4. 安全設施
5. 去學校或附近的交通工具
6. 衛生和個人用品的擺放地方
7. 學校午餐的安排
8. 睡覺時間還有門禁時間
9. 去朋友家玩的規矩，還有邀請朋友來家中的規矩
10. 使用家中電話、電腦、網路的規矩
11. 使用音響、電視和電子產品的規矩

Travel advice- 小建議

遇到接待家庭的第一天便詢問家中的規定和習慣，還有他們對你的期待，能幫助家裡做什麼樣的家事等等。

家中成員

　　從原先的家庭來到新的家庭，你不可以奢望家中的成員和過去的一樣瞭解你。對於家鄉的家庭來說，他們熟悉你處理事情的方式，但新的家庭未必能夠瞭解你，這一點的差異我們稱之為「1%的差異」：比例雖然很小，但卻是問題發生的關鍵。有時你會發現自己很難像在自己家鄉一樣百分之百的做自己，在家鄉，你可以打破規則、大吼大叫、做一些無法被接受的事情，因為你的父母瞭解你，他們知道該如何對你的行為做出反應。

　　但是在接待家庭，如果你大吼大叫，或是出現奇怪的行為，或許會對他們產生很大的困擾，他們也不知道該如何對你的行為做出反應，因為這點的不同，很多交換學生發現很難和接待家庭爭論。過去我們熟知家中父母的底線，所以當我們情緒不好需要發洩時，能夠和家人傾訴，但由於對接待家庭的不夠瞭解、缺乏信任，往往會覺得綁手綁腳，什麼都不敢做。

　　身為一個交換學生，有時要將自己原先的個性放在一旁，不一定可以百分之百的做自己，另一方面，接待家庭同樣受到這個「1%的差異」的影響。畢竟對他們來說，你也不是他們真正的小孩，有時他們也會無法把你當他們真正的孩子來看待。

該如何稱呼我的接待父母呢？

有些交換學生直接用 Mom 或 Dad 來稱呼，或是直接稱呼他們的名字（first name），有些人則用 Aunt 或是 Uncle 來稱呼，或是叫他們的姓氏（last name）。其實每個家庭都不太一樣，找一種最自然、最適合自己的方式，但是最好的方式還是直接詢問接待家庭的父母該如何稱呼他們，這樣可以避免掉無謂的尷尬，寄信給接待家庭時也比較清楚該用什麼稱呼。

是接待家庭要幫我付錢，還是我該自己付錢？

交換學生在接待家庭的吃、住都是免費的。不過，從事個人的活動時，費用通常都要自行負擔。常見的例子像是手機費用、巴士費用、在外面用餐、自己旅遊等等。如果和接待家庭一起出去玩，就會取決於是從事什麼類型的活動。你不能期望他們幫你付錢，但有時他們的確會這樣做。

花費較高的旅遊算是特殊情況，假設你的接待家庭在決定接待你之前，便安排好一次昂貴的家庭旅行，然而你卻無法負擔這筆費用，接待家庭該幫你付錢嗎？許多交換學生機構都有明文規定，如果接待家庭沒有要幫學生出錢，那交換學生會被轉送到其他的接待家庭、或是聯絡人的住處。

> **Travel advice- 小建議**
>
> 如果你不知道誰該付錢，就開口詢問吧！

我該適應接待家庭，還是他們該適應我？

多數的情況，是交換學生必須要適應接待家庭。學習新的文化和環境是非常重要的，但這也不表示接待家庭會忽視你的感受。通常，適應是雙方都該做的事情，在你適應他們的同時，他們也逐漸在適應你。

家中的小孩

確認接待家庭前，你不會知道家中是否有小孩。也許他們在找一個能夠和他們小孩分享經驗、文化的玩伴；也許，他們的小孩根本沒有時間和你相處；有些小孩甚至可能會反對家裡接待交換學生。你唯一能做的事情就是做好準備，並且不要有太高的期待。

家中的小孩和你的年紀相同時，也許會將你介紹給他們的朋友圈。但過了一段時間後，你必須要能夠發展出自己的交友圈，如果總是依賴兄弟姊妹的朋友圈，長期來說不是件好事。

還有要注意的一點是，家中其他的小孩或許會因為你的出現而感到嫉妒或

羨慕，因為你會和他們分享所有的東西（父母、祖父母、朋友、電視、腳踏車等等），也許你的待遇會和其他小孩不一樣。多用溝通來化解誤會吧！

第十四章 接待家庭

> **Travel advice- 小建議**
>
> 如果和接待家庭的小孩有相處上的問題，要和接待家庭的父母溝通。

如何確保和接待家庭的關係

　　和接待家庭的關係其實是兩方共同的責任，但交換學生需要做比較多的改變，就像前面十三章所提到的：態度。你的接待家庭敞開心胸接待你，但是你不能把這一切都視為是理所當然，嘗試幫家人做晚餐、幫家人買束鮮花、或是找些事情幫助家庭，並不需很貴或是很複雜，重點是心意。生活中的小驚喜，會讓關係更加親密。

> **Real-life experience- 實際經驗**
>
> 我的接待家庭中有六個小孩，兩隻狗，一個轟哥，一個轟妹，四個轟弟，年紀最小的轟弟只有五歲，我最喜歡和幾個轟弟玩遊戲、和他們聊天，他們把我當成家中的一分子，一起參與家庭固定聚會、上教堂、過節日，我會教他們跳舞、玩扯鈴，也會念中文給他們聽。我的轟媽是學校的數學老師，平常沒事時，我可以幫忙改考卷或是教其他同學數學，我的學校生活和接待家庭是結合的，很開心能夠在這個家庭學習生活。

第十五章　學校

學校一定會是交換學生充滿回憶的場所，它可以讓你得到很多新的知識，也是學習最好的地方，但學校絕對不單單只有課程而已，你會認識新朋友和新老師，是個分享喜悅和歡笑的地方。對於交換學生來說，這將會是第二個家。

學生身分

交換學生必須要和當地的高中生參與同樣的課程，你會被正式登記爲當地學生，所以該遵守的規矩和被要求的期望都是和其他人相同的。

但是，在這之中也有和一般學生不同的地方。你過去學習的語言和他們不同，生活背景也不同，你只會在這所學校待上一年，你並不會從這所高中畢業。

國外的學校

出國前的學校生活，相信你應該已經有所體會：準時到校、按時交作業、上課討論問題等等。你知道該付出多少努力來通過考試，也知道報告和作文該如何呈現，儘管多數的規矩相同，還是會有不同的地方。交換學生必須要重新學習另一個國家的學校文化，它有可能會比較嚴格，也可能會比較輕鬆，每個地方都不太一樣，這需要自己花時間去適應和調整。

例如在挪威，學校教育是很輕鬆的，學生可以直接稱呼老師的名字，老師也不會因為學生沒交作業而懲罰他們，因為這裡的教育被視為學生自己的責任，老師不能（也沒必要）強迫學生。此外，老師不能處罰學生，學生也可以自由的翹課和離開教室，這和很多國家的學校教育都不太一樣；又例如在美國的學校，有些學生遲到三十秒就會被記錄下來，多次的遲到會導致學生假日必須來學校打掃服務，嚴重一點甚至會被留級或退學。

上面的例子並非指在挪威上課可以比美國鬆散、混水摸魚，而是每個地方的學習態度不一樣，沒有哪一種比較好，只是不同文化而已。這些不同的新體驗會讓交換學生的生活愈來愈精彩。

在學校要做什麼

一個交換學生到當地學校，會被要求和當地的學生學習一樣難度的課程，這也代表每天要去上學、寫作業、準時到課堂、服從課堂上的規定。

也許你會擔心學校對你的期望很高、希望你成績很好，但這畢竟是個充滿外國語言的環境，學習起來不會像在家鄉時那麼得心應手，所以真正重要的不是成績，而是你表現出來的態度。盡你的全力比獲得好成績更重要，老師也會體諒你的身分而有所調整，但他們不會同情懶惰或破壞規矩的人。

為什麼在學校要努力

遲到、早退、上課睡覺、吵鬧、不交作業、付出很少的努力，這些和老師作對的行為絕對不會是好的態度，對交換學生來說尤其是個大災難。因為對他們來說，雖然你是個客人，但就像其他學生一樣，你是來學校學習，這當然也代表他們可以隨時把你踢出學校，並且送你回國。在學校的眼中，你是個來這邊學習的學生，所以當你影響其他人學習時，他們為什麼要把你留下來呢？

如果被學校踢出來了，可以預期的是交換學生機構會把你送回國。交換學生的一個重點是在學校學習，如果無法達到當一個學生的最低要求，那很顯然你不適合擔任交換學生。儘管只有很少數的學生被送回國，但這項規定確實存在，所以當你做任何有可能被視為是壞事的行為時，仔細想清楚後果。並且和學校保持良好的關係，以免在和接待家庭起衝突時，找不到人可以幫忙。

> **Travel advice- 小建議**
>
> 努力讓學校老師和同學對你有好的印象,交換學生的生活圍繞著學校環境,和同學及老師相處融洽會給你帶來很大的幫助,和接待家庭遇到麻煩時,學校也會是很好的求助環境。

我該待在哪個年級

如果接待你的學校沒有規定你該就讀的年級,那你也許可以自由選擇,通常選擇和在家鄉同等級的學歷會是最好的選擇,但如果你的外語能力無法負荷同年齡的程度,那也可以選擇較低年齡的課程,比同年齡的學生大一歲並不會影響到整個學習。如果你不確定該怎麼選擇,那先選擇高年級的課程再慢慢往下調整,因為從難到簡單比較容易上手,從簡單到難則會讓你很痛苦。

我該選擇什麼樣的課程

國外的學校絕對找不到和家鄉完全一樣的課程內容,但也許它會提供相似的課程,更可能還有在家鄉沒看過的課程。如果你需要用交換學生的課程來抵免原先學校的課程,挑選課程時記得要考慮進去,可以選擇原先高中錯過的課程來做銜接;如果你不需要抵免學分,那你可以很自由的選擇自己有興趣的課程。

Travel advice- 小建議

如果交換學生的課程無法抵免原先高中學分，那就選擇有興趣、家鄉又沒有的科目。

畢業、成績單、學位證書

　　通常你會和其他學生一樣獲得成績，然而和其他學生不一樣的是，你的主要目標不是獲得最好的成績。如果要抵免學分，那過基本門檻才是最重要的目標。

　　交換學生一年結束後，也許你會獲得學位或是證書來證明這一年的修課。如果你沒有收到，那記得要主動要求，未來在大學求學或是工作求職的面試也許會有需要用到。

　　如果你剛好是最後一個年級的學生，也許你會有機會參加畢業典禮或是獲得畢業證書，通常，學校會要求你提供當年度的成績單和原先學校的成績單，證明之前完成過的課業。如果你剛好遇到這個機會，千萬不要錯過，擁有當地高中畢業證書絕對比你想像的更有價值。

第十六章　新朋友

國外生活一年可以讓你交到很多新朋友，學校教育也是認識朋友最好的管道，也許你會認識其他的交換學生，等這一年結束後，你會發現在世界各處都有朋友。

找新朋友

有些交換學生會擔心在國外很難交新朋友，因爲他們早就彼此熟悉，有著各自的朋友圈，然而，這種觀念是錯誤的，對於交換學生來說，交朋友是很容易的事情，你有天生的優勢，他們會好奇你的文化和個性，把握住這個機會，多認識一些人。

有些人可能會需要多花些時間才能交到新朋友，但是最終一定會找到適合自己的一群朋友。有些人有辦法在第一天下午就和國外朋友出去玩，但多數人會需要一些時間。如果在第一周結束時，還沒有找到新朋友，不要覺得沮喪，這是很正常的事情。最重要的是，不要放棄嘗試。

Real-life experience- 實際經驗

剛到美國時，學校還沒有開學，但學校的美式足球隊已經開始訓練了，我的轟哥（host brother）是美式足球隊的一員，所以我就跟著美式足球隊的練習時間，一起參與訓練，剛開始練習的很不順利，不懂規則，又討厭蠻力對撞的感覺，但也因此認識了一群好朋友，他們對美式足球有種莫名的狂熱，比賽贏的時候，一起在球場歡呼吼叫，輸的時候休息室則一片低氣壓，他們是我在美國認識的第一群朋友。每天的練習結束後，大家會一起去吃飯、休息，開學之後也因為這群朋友，讓我能夠快速地融入課堂和學校。

當你試圖去認識新朋友時，參加體育或活動可以有效的幫助你，這種長期固定的聚會能穩定友情的發展。

Travel advice- 小建議

盡可能地參加各式各樣的活動。

保持性格的外向是很重要的，你不能期望每次都是別人先開口，而且多和別人溝通講話，對你沒有任何的負面影響，如果別人不想和你講話，那將會是他的損失。

Real-life experience- 實際經驗

我參加了美式足球、棒球、戲劇、演講的校隊，還有桌球、網球社團，由於我們是小學校，所以社團參加的人重複性很高，很容易就和別人熟識，學校社團和校隊讓我在國外遇到最好的朋友。

其他交換學生

很多學校會接待來自不同國家的交換學生，你也有機會在交換學生機構或是聯絡人那裡遇到其他的交換學生，要知道你們同樣是交換學生，有著相似的理想和天賦，很容易認識彼此。在國外遇到來自相同國家的交換學生時，更容易彼此相互扶持、支援，因為你們都經歷過相似的旅程。

但是，不要花太多的時間在其他交換學生身上，因為這樣會讓你無法完整地融入新的文化，也會錯失掉很多看看外面世界的機會。想想看如果你假日都和其他交換學生出去玩，你根本不會有機會練習外語、觀察別人的文化，所以這也是交換學生機構，不會把兩個來自相同國家的交換學生放在同一個家庭的原因。

朋友的定義

朋友和認識的差別在哪裡？在變成朋友之前，該認識多久呢？其實這沒有標準答案，每個國家對於「朋友」的定義都不太一樣，在美國幾乎所有認識的人都可以算是朋友；但在俄羅斯，只有很親密的人才能算是朋友。

所以當你在確認別人是不是自己「朋友」時，先弄清楚當地文化對朋友這個詞的看法。

Travel advice- 小建議

如果別人邀請你參加活動，千萬不要在第一時間拒絕別人，盡量答應別人的邀約，如果真的不行再委婉地拒絕，並且表示遺憾，因為太直接的拒絕，會讓別人認為你不喜歡參加活動，也許再也沒有人會邀請你參加活動了。

第十七章　思鄉和其他挑戰

　　每個交換學生都會遇上生活中的起起伏伏，也會不停的迎接挑戰，而思鄉將會是其中一個挑戰。儘管這些挑戰會讓人感到難過或痛苦，但它可以讓你變得更加成熟。調整好自己的心態，用樂觀的態度去面對生活，事情便會輕鬆許多。

思鄉

　　當你想起你愛的朋友或家人時，很容易感受到心情的鬱悶和難過，通常離開家一段時間都會發生這種狀況，從來沒有遇上思鄉的人，對這種感覺會需要多一點的時間調適。通常思鄉不會發生在剛到國外的那段時間，而是發生在「家鄉節日」、「生日」、「紀念日」等，或是聽到國內發生不好的訊息，例如天災、人禍等，當你感到難過或悲傷時，很容易引發思鄉的產生。

　　這些思鄉其實都僅存在你的腦海裡，有很多方式去對付思鄉，你可以選擇對你來說最有幫助的，千萬不要讓自己沉浸在悲痛的環境當中，這只會讓情況

愈來愈糟。

　　遇上思鄉的人常想到的第一件事，就是打電話回家，但許多交換學生機構反對這樣做，因為這會讓思鄉更嚴重。

面對思鄉的建議

1. 找些有趣的事。例如和同學出去玩，將腦中混亂的情緒先拋在一旁，讓自己的心情鼓舞起來。
2. 如果沒辦法和同學出去玩，可以試著整理自己房間或是到外面的街坊鄰里走走，忙碌可以幫助你忘掉家鄉。
3. 想些正面積極的經驗或案例，讓自己的心態保持正面。
4. 和瞭解你的人聊聊天，例如說其他交換學生，或是接待家庭中的人。
5. 寫日記或網誌，將自己的情緒透過文字來釋放、抒發。
6. 嘗試不要去想那些過去的生活和人們，這只會讓思鄉愈來愈嚴重。
7. 不要許奇怪的願望，例如說希望明天早上起床發現自己回家了。
8. 和自己的聯絡人聊天，說明自己的思鄉狀況。
9. 寫封信或是 e-mail 給明天的自己。

避免思鄉的產生

　　儘管沒有完美的方法避免思鄉的產生，還是有些建議可以降低思鄉產生的機率，試試看以下的方法：
1. 將自己的行程排滿，參加運動校隊或是有定期聚會的活動。
2. 用信件或是 e-mail 來和家鄉的朋友、家人聯繫。
3. 限制自己打電話回家的次數和時間，最好和家人先約定好時間。
4. 限制自己使用 Facebook 或電話和家鄉的朋友聊天的時間。
5. 熟悉自己的生活環境，讓自己每天都多瞭解一點。
6. 列張清單，把你覺得當交換學生該做的事情全部寫上去，完成後再一一劃掉。

　　保持積極並且建立和新環境的歸屬感，便不會有時間思鄉。這也是避免思鄉最好的方法。

　　如果持續幾個禮拜甚至幾個月因為思鄉而使心情鬱悶難過，你可以考慮放棄這個交換學生計畫，也許過去沒有離開過家，現階段還不適合去國外一年。不要覺得回家是件可恥的事情，也許你會因為這個經驗，學到更多的經驗。

語言的挫折和困難

　　學習一種全新的語言是非常困難的一件事，如果因為無法使用良好的語言，導致每天都過得很痛苦，那你唯一能做的，就是花更多的時間在練習、努

力。

看看第八章關於語言練習的部分，如果接待家庭裡面有年紀比較小的小孩，他們會是練習語言很好的對象。

文化衝擊

文化衝擊通常是你覺得新文化很奇怪、很困惑，所以不知道該如何調整自己，也不知道如何傳達出你的情緒。如果發生了，不要感到沮喪，文化衝擊通常存在很短的時間，而且不是只有你會遇到文化衝擊，任何到國外旅遊或是留學的人，都會有同樣的感覺，有幾種方式能降低文化衝擊的影響，像是在出發前先閱讀關於接待國家文化的資料，或是先和前期交換學生詢問，在國外時，也可以和其他交換學生討論彼此的想法。

學校的挑戰

如果發現學校的課業對你來說很吃力，有可能是因為對語言的瞭解還不夠完整，或是選擇的難度高過於自身的實力的課程，你可以和學校老師溝通，尋求幫助或是降一個年級選課。

有時可以和學校做特別的要求，像是提供你降低年級選課的權利，或是給你更多獨立的時間學習，以上這一切都是學校可以決定的，有些學校會強制規

定和同年級學生一起修課，有些則比較有彈性，給交換學生更多自由的空間。

如果遇到其他關於學校的問題，可以和接待家庭、聯絡人或學校輔導室討論，他們會很樂意幫助你。

接待家庭的挑戰

沒有任何一個家庭是完美的，而接待家庭也是一樣。誤解、小摩擦、壓力同樣會發生在每個接待家庭，就像在家鄉的家庭一樣。每個家庭都有各自的優點和缺點，沒有哪個家庭特別好。

然而，如果你和接待家庭相處得不好，那麼代表有些問題需要解決。可以的話，希望交換學生和接待家庭能夠坐下來好好談，深入問題的核心並且共同把問題處理結束，和他們說清楚你無法適應或是調整的地方，想想看自己沒有想清楚的地方。好的對話能夠建立良好的關係，讓彼此更容易相處融洽。

如果溝通也沒有辦法解決問題，那也可以要求換接待家庭，但在這之前，必須要盡自己的能力試著解決問題，如果沒有嘗試解決，不管換到哪個接待家庭都會是一樣的結果。

困難的抉擇

交換學生在生活的各個層面都會遇到很多困難的選擇，例如說在出發前，交換學生機構會要求簽下切結書，如果犯了上面列的條例，那便會送回國。幾乎所有交換學生機構都會禁止交換學生食用酒精，這有很多原因。但想像現在你正和朋友們開派對，大家情緒高漲的同時慫恿你喝下一杯酒，你該怎麼做？

雖然大家都知道這個情況不能喝，但還是有交換學生選擇喝酒，然而喝之前，最好想清楚被抓到的後果，例如說如果你去的國家是美國，喝酒和持有酒精的年齡限制是二十一歲，被抓到喝酒會觸犯到法律，會有嚴重的後果，接待家庭需要到警局裡把你領出來，至於會不會馬上被送回國也和接待家庭的態度有關。

就算你在原本的家鄉可以喝酒，在國外還是要三思而後行。

提早結束交換學生生活

每年都有少部分的學生被提早送回國，有千奇百怪的原因，例如不切實際的期望、運氣太差、思鄉嚴重、生病、和接待家庭相處不好、交不到新朋友、親人的疾病或是單純覺得自己不適合當交換學生。

如果你有在考慮要不要提早結束交換學年，提早回家，最好先和別人討

論。和接待家庭、聯絡人、還有在家鄉的家庭，仔細思考你的決定，也許有些困難能夠處理，沒有必要馬上回國。如果決定要回國，放下心情接受自己的決定，就算離開，也可能從中學到很多經驗和教訓。

Real-life experience- 實際經驗

和我同期的交換學生中，有一個沉迷上網，到接待家庭後，仍然不能改掉上網的習慣，然而他的接待家庭上網需要付費，因此曾經再三告訴過他，網路只能用來和家裡聯絡，平常不要使用網路。但是他無法克制自己的慾望，趁家人不在的時候，照樣無限制的下載、上傳，導致月底家人收到網路使用費時大吃一驚，最後和聯絡人討論的結果，決定提早把他送回臺灣，回臺灣後，他繼續他的學業，學到教訓的他慢慢改掉沉迷網路的習慣，繼續他的人生。

第十八章　換接待家庭

　　有時交換學生和接待家庭間的關係不好，在這種情況下，交換學生可以要求換接待家庭，但適當的程序是必要的。

什麼時候我可以換接待家庭？

　　換接待家庭通常是等你試過所有辦法之後，仍然沒辦法獲得正面改善的最後一招。這個過程是很重要的，一起和接待家庭討論、溝通，讓彼此間的間隙、誤會解決，可以讓雙方之間的關係和諧，也可以消除你換接待家庭的動機。而且當你努力和接待家庭溝通時，交換學生機構也可以知道你有在努力讓事情變得更好，如果不從根本解決問題，沒有人知道換了家庭之後你會不會過得比較好。

　　因此，如果溝通之後仍是沒有辦法解決，而且家中的氣氛始終無法融入，那便可以換一個新的接待家庭。

　　通常交換學生和接待家庭之間的問題都是很基本的，其實很容易解決，有

些人想換接待家庭的原因是拒絕調整自己的習慣，無法適應新環境，覺得接待家庭很愚蠢等，這些理由薄弱又沒有說服力，通常不會被允許，接下來還有些不會被接受的例子。

不被允許換接待家庭的理由

- 接待家庭沒有有線電視
- 必須要比平常還要早起床
- 必須要準備自己的午餐
- 必須要和別人共用一間房間
- 接待家庭離附近的購物商場太遠
- 接待家庭太小
- 接待家庭沒有網路
- 必須要在晚餐後幫助洗碗
- 不被允許參加朋友辦的派對
- 接待家庭有宗教信仰
- 接待家庭規定晚上十點後不能放音樂
- 接待家庭只有一臺電視，而且他們都看無聊的節目
- 接待家庭只聽古典音樂
- 假日晚上九點以後，不被允許出門

- 接待家庭沒有給你零用錢
- 過去住的生活品質比接待家庭的高

如果要求換接待家庭的原因像上面這些，代表你還沒有瞭解交換學生的目的，也代表你對外在環境的適應能力不足，如果換了接待家庭，還是會因為類似的事情讓你不開心，其實這些問題的真正原因都在你自己身上，而交換學生機構也很清楚。

要求換接待家庭

以下討論的是一些極端的例子，例如說接待家庭把你當童工來使喚，叫你做一大堆的家事、虐待你、偷你的東西、霸凌或是性騷擾你、把你鎖在房間等，如果發生以上的這些狀況，馬上打電話通知交換學生機構或是聯絡人，會有立即的處理。

如果你覺得你需要換接待家庭，通常是和接待家庭關係處的不好，有可能是個性差異極大或是讓你有不舒服的感覺。你會覺得自己不屬於家中的一分子，接待家庭也同時會覺得你和他們格格不入，這些情緒綜合起來，很容易產生不愉快的氣氛，這也是換接待家庭很標準的例子。但如果接待家庭和你從來沒有討論過，那中間的聯絡人會得到兩種不同的說法，因此和接待家庭溝通是非常重要的。

你該怎麼做

1. 考慮清楚

真的有必要換接待家庭嗎？這個接待家庭真的有和你原本的家庭差很多嗎？還是你只是想找個完美但不存在的家庭？你可以確定在新的家庭會快樂嗎？附近也許找不到適合接待你的接待家庭，所以有可能要轉學或是換個城市，你有辦法快速地適應新的生活嗎？

2. 審視自己

檢查自己的行為有沒有不合時宜的地方，是否有盡全力來適應環境？你有對接待家庭釋出善意嗎？還是你花較多的時間在房間裡用電腦？當接待家庭需要幫忙時，你有沒有伸出援手過？你有和接待家庭聊過天嗎？還是你都用簡短的「yes」、「no」、「I don't know」來帶過對話內容？常常晚回家或是很晚才吃晚餐嗎？到外面玩時，有沒有和接待家庭的父母說一聲呢？騎接待家庭哥哥的腳踏車前，有沒有經過他的同意呢？有在適當的場合感謝他人或和別人道歉嗎？在重新審視自己的過程中，你會發現自己其實還有很多需要加強的地方，這些小地方也許會改善你和接待家庭之間的關係。

3. 試著在第一時間解決問題

嘗試解決問題很重要，因為想要換接待家庭前一定要經過這一步驟，重新找一個新的接待家庭是最後的辦法。所以多和自己的聯絡人還有接待家庭溝通，試著找出中間的問題，並且冷靜地和他們溝通，將自己的訴求清楚地傳達給他

們。記得好的環境和態度是溝通的關鍵。

4. 給自己多一點時間和努力

羅馬不是一天造成的，關係同樣需要時間才能建立和維持。多花一點心力來培養好的關係，多點關心來幫助家庭，確認自己完成被交代該做的事，如果有問題馬上找人詢問，保持房間的整潔，家庭聚會時不要遲到，例如說吃飯或是禱告，表現出積極的一面，讓別人看看你做出的努力，也許可以解決問題，創造與接待家庭良好的關係。

5. 如果沒有任何改善

如果做了許多努力卻仍然沒有改善，那可以開始準備換接待家庭。列出和接待家庭遇到的麻煩還有為什麼想換接待家庭的原因，和聯絡人接洽時，對方會詢問這些問題，所以先想清楚該怎麼回答這些問題。

6. 和聯絡人溝通，要求換接待家庭

和聯絡人說明遇到的困難還有想換接待家庭的原因，讓他們瞭解到你有嘗試過想解決問題，卻沒有獲得正面的回覆，並且強調有經過反覆的考慮。不要將原先的接待家庭視為壞人，強調是因為相處不來。和聯絡人溝通時，記得避免用沒有說服力的理由，像是前面列的那些。

> **Travel advice- 小建議**
>
> 當你想要換接待家庭時,步驟非常重要,在尋找下一個接待家庭前,要先表現出你努力解決問題的能力。

> **Travel advice- 小建議**
>
> 和聯絡人討論換接待家庭時,找一個不會被打斷或聽到的場合。

不要做這些事!

在和聯絡人溝通之前,不要和接待家庭說你想要換家庭這件事,你不會因為告訴他們而多獲得什麼,只會讓事情變得更糟糕,此外,如果聯絡人希望你能再嘗試待一段時間,你會發現自己處在一個很尷尬的位置。保持低調並且觀察、思考,尊重你的接待家庭。

> **Travel advice- 小建議**
>
> 當你想換接待家庭時,先不要驚動到原來的接待家庭。

特殊情況

　　有些時候，接待家庭和聯絡人是很好的朋友，彼此熟悉或是工作上的夥伴，或是你的接待父母是別的交換學生的聯絡人，這種情況時，必須要很謹慎地說明換接待家庭的原因。強調自己不適合這個接待家庭非常重要，還有那些你不認同、沒辦法配合的事情。記得不要將你的接待家庭歸類到壞人。

　　另外一個特殊的狀況是你已經換過一次接待家庭了，不幸的，這種情況很容易被認為是交換學生的問題，所以和聯絡人溝通時，更要強調相處時所遇到的問題，讓聯絡人清楚不是因為你的問題。

Travel advice- 小建議

在問可不可以換接待家庭前，特別注意如果聯絡人和接待家庭是好朋友、接待家庭是別的交換學生的聯絡人、或是你已經換過一次接待家庭。

　　在這些特殊的情況時，記得要學會控制自己的情緒，保持冷靜和積極的處理問題，強調接待家庭和你問題發生的原因，還有不管怎麼努力都無法解決的原因。你也會需要和交換學生機構的總部聯絡，記得將這個特殊情況解釋清楚。

如果你的要求被拒絕

　　如果你不被允許換接待家庭，通常是因爲你的聯絡人覺得你和接待家庭的問題沒有嚴重到需要換家庭，或者說換家庭無法有效解決你遇到的問題。如果你強烈的不認同這點，和另外一名聯絡人溝通（如果你有的話），或是直接和當地國家的交換學生機構的總部反應，有些地區因爲很難找到其他接待家庭，所以就算你有很恰當的理由，也沒辦法迅速的換接待家庭，如果交換學生有找到哪個家庭願意接待他，那換家庭也會容易很多。

如果你的要求成功了

　　當你需要換接待家庭時，交換學生機構會有許多額外的工作需要執行，首先，你的聯絡人需要幫你找一個新的接待家庭，這通常會需要一段時間，而你要能夠體諒這件事情。如果你和接待家庭之間的問題十分嚴重，也許你會被安置到一個臨時的接待家庭或是搬去和聯絡人一起住。通常交換學生比較瞭解哪些家庭願意接待自己，這可以加快找新家庭的程序。

離開原先的接待家庭

不論在離開接待家庭還有多少時間，儘量讓所有人感到舒服和自在，如果你表現的不開心，對所有人都沒有好處，而且你也不會希望在這個接待家庭最後的回憶是痛苦的。不要忘記接待家庭也做出他們最大的努力，他們也不會希望發生這種狀況，離開前，記得謝謝他們這些日子接待你的辛勞，並且告訴他們你離開的原因，希望他們能夠改變或做的更好。

到達新的接待家庭後，又會有個全新的開始，舊的經驗會讓你成長，變得更加成熟，現在你有機會重新建立良好關係的橋梁，記得前面提到溝通的重要性，把握住這個機會，重新營造良好的互動關係。

Real-life experience- 實際經驗

有些接待家庭一開始就因為家庭旅遊或計畫等關係，沒有辦法完整的接待一年，剛到美國時我就是待在這種暫時性的接待家庭，過了三個月的時間，我的聯絡人幫我換到另外一個新的接待家庭。換接待家庭雖然需要重新適應，但也會帶來很多變化的機會，你可以認識新的人和環境，敞開自己的心胸，接受不一樣的生活。

第十九章　最後一個禮拜、回家

　　到這個時候，你對外國語言和文化的掌握度應該非常純熟了，也應該交了不少外國朋友，熟悉當地的環境和風土民情，你有可能會希望繼續留在這邊，或是希望快點回到家鄉和朋友、家人們見面，交換學生的最後一個禮拜通常包含了各式各樣複雜的情緒，最後的幾週也會對你回國後有較大的影響，一個好的結尾能夠讓整個交換學生學年更加完美。

注意自己的行為

　　如果你已經度過良好的學年，不要在最後一刻破壞規定，雖然說這時候被強制送回國好像沒有什麼影響，但完全沒有必要讓自己帶著污點結束這一學年。

最後幾週

通常在回國前，會有許多事情需要準備，能夠提早準備的最好早點處理，不要留到最後兩、三天才東奔西跑。如果有太多的事情要做，那先擬定好計畫，才能夠減輕自己的壓力。提早準備以免在最後一秒才發現有問題需要解決。

Travel advice- 小建議

儘量早點把事情完成，不要到最後一天還要擔心有事沒處理完，早點完成所有瑣碎的小事，可以讓最後幾天好好放鬆，享受最後的外國生活。

打包行李

確認自己的航空公司對於行李的規定，知道能夠帶多少重量回國後，便可以開始考慮哪些東西適合帶回去，哪些適合直接丟掉或送人，如果在國外買太多東西，行李箱無法把所有的東西都塞進去，也許你會需要提早郵寄包裹回國，或是如果你知道之後會回來拜訪他們，也可以詢問後寄放在接待家庭中。

行李超重會造成昂貴的支出，許多航空公司拒絕攜帶超過 32 公斤的行李。因此，在踏上前往機場的路上之前，記得先量好行李箱整個的重量。

> **Travel advice- 小建議**
>
> 如果需要郵寄東西回臺灣，記得比較不同公司的價錢，還有貴重物品像是珠寶不要用郵寄的方式。

> **Travel advice- 小建議**
>
> 如果想把在國外學年的筆記或學習單帶回去卻沒有足夠的行李空間，可以考慮用掃描的方式，用隨身碟攜帶，可以省空間也可以省重量。

說再見

離開前記得和所有人說再見，尤其是那些幫助過你、對你很友善的人，像是聯絡人、鄰居、學校老師、那些平常和你很親近的人。如果沒辦法當面和他們說再見，打個電話或是寄張卡片、e-mail、簡訊，再見之後，相信他們會非常高興的祝福你一切順利。

離別禮物

如果和接待家庭的關係不錯，可以考慮給他們一個有象徵意義性的物品當

作離別禮物，不需要很昂貴或是很大，只要他們喜歡就夠了。如果收到聯絡人大量的幫助，你也可以準備個小禮物送給他，記得他們都是自願幫忙的，收到你的禮物一定會很感動。

離別派對

就像原本離開自己國家一樣，一個好的離別派對是和朋友說再見很棒的方式，可以邀請所有在交換學年認識的朋友和同學，如果無法在自己家裡舉辦，可以在餐廳或是好朋友的家中來舉辦。

你的接待家庭也許會在你離開前計畫給你個驚喜，像是一頓豐盛的大餐，所以記得要告訴接待家庭，在離開前所有的安排和計畫。

當交換學生的最後一個晚上

上床睡覺前，確認所有的行李是否都打包好，隔天要準備的盥洗用品等，還有最重要的護照和機票等。這個時候，應該已經整理好整個房間，並且確認沒有留下任何垃圾，包含學校紙張、雜誌等。要讓房間恢復到你剛到時的景象，和航空公司確認班機的時間沒有取消或是更動，並且將手機充滿電。

清單

- 還清所有和別人借的錢
- 還清所有和別人借的東西（書、衣服等）
- 確認有攜帶所有重要文件（機票、護照等）
- 打包行李
- 準備提早寄送包裹（如果需要）
- 完成所有在離開前該做的小事情（幫學校、接待家庭、朋友拍張照片；買紀念品等）
- 收拾房間
- 和所有人說再見，感謝那些對你幫助很多的人
- 和你想要繼續保持聯絡的人交換聯絡方式
- 購買一個小禮物謝謝你的接待家庭

回家的日子

　　離開接待家庭前，再次確認你的護照和機票，還有看看房間有沒有什麼東西忘記拿，在機場道別可能會有點激動或情緒話，掉眼淚沒有什麼好丟臉的，這只代表這一年過得多完美。回家的路途中，如果需要轉機或轉乘交通工具，記得提早到登機門或站牌，還有安全到家後，記得打個電話或是寄封訊息給接待家庭的人知道，他們會很開心得知你安全到達的消息。

Travel advice- 小建議

離開接待家庭前，寫封信謝謝他們一年的招待，在機場時再給他們，留下一個美好的回憶。

恭喜

　　參加高中交換學生計畫是人生中獨一無二的機會，你掌握住這個機會並且體驗完整一年的交換學生生活，不管你滿不滿意自己經歷到的事情，你已經變得比之前更好、更成熟。你學習到新的語言並且從裡到外瞭解新的文化，可以透過日記、照片、網誌來回顧自己一年來的生活點滴，你會發現自己長大、成熟了。記得整理在國外一年所學習到的東西，來幫助自己繼續往前邁進，抓住擦身而過的機會，前方會有更多的冒險和挑戰等著你。

第二十章　到家

二十四個小時之前，你還在不同國家，現在終於回到家了，眼前看到的東西應該會非常熟悉，雖然改變的東西不多，但仔細觀察，一定會發現很多不一樣的地方，而改變最多的，是你。

全新的你

國外一年所接觸到的人、事、物，都會對你有很深的影響，和前一年的自己比起來，應該會是個更好的人，整理整年的回憶和經歷讓自己變得更有智慧和能力，也變得更加成熟。或許你的語言能力進步非常多、或許擁有更寬闊的視野和世界觀、或許你學會如何和不同的文化相處的方式、或許你瞭解同年齡學生不懂的事情，不管改變的程度是大是小，一定會有所改變，然而家鄉的人或許不清楚你的改變，需要時間讓他們慢慢發現。

調整到原先的生活

適應外國生活需要時間來調整，時間久了就會自然而然地變成自己生活的一部分，最後忘記剛到時的緊張和不習慣。然而在適應的這段時間裡，有可能會遇到文化衝擊和思鄉等挑戰。

當你適應完外國文化後，回到家，你會再次接受到文化衝擊，努力改變自己的習慣後，突然要再變回去原本舊的習慣，會有種很奇怪的感覺，也許你會覺得自己家鄉過去的習慣不合時宜、陳腐的、不切實際的。

實際上，有些習慣和思考模式會很難轉換，尤其是兩者文化有很大差異時，這個通常稱之爲「反向的文化衝擊」，如果你的家鄉和交換國比起來生活水準比較低，也許會有負面的情緒產生。

回家後不管遇到什麼適應上的麻煩，通常不需要太在意，這只是重新適應的一個過程，而重新適應的速度通常會非常快速。

老朋友

很難準確地說家鄉眞的一點改變都沒有，也許隔壁鄰居搬走了，或是熟悉的商店更改了營業時間，原本熟悉的交友圈，可能有些漸漸淡掉，有些過去的朋友，現在已經開著車上大學。你不在的這一年，朋友們也都完成許多事情，尊重他們的經歷，不要因爲覺得自己的經歷比較特殊，而對他們的生活表現出興致缺缺。

數不盡的豐富經驗

我們總是想要將自己的經驗分享給別人，但是你的朋友也許只是對你在國外的生活感到有興趣。當然也會有人對所有的事情感到興趣，但多數人不會想要聽到全部的小細節，這對交換學生來說也許很難過，但就連那些對全部事情感到興趣的人，也沒有辦法百分之百的瞭解你，交換學年的故事就像你在和一個沒看過電影的人講解劇情，他們聽完會點點頭，卻沒辦法真正瞭解你想表達的情感和意境，而且他們也不一定對這部電影有興趣。

Craig Stori 所寫的書【The Art of Coming Home】提到，回國的交換學生必須要接受別人沒辦法和自己一樣清楚國外文化的感受，這時候你可以和其他交換學生尋求協助，你們有共同的話題可以討論，尤其是去相同國家的人，可以辦個聚會讓大家可以將各自的經驗分享出來。

交換學生沉迷在外國的文化、學校、家庭是蠻常見的狀況，通常會急著想要和別人分享這種感覺，但是要特別注意，你的朋友和家人也許會感到不愉快，因為你開口閉口都是外國比較好。Stori 還寫到，如果你對外國抱持著大量的美好憧憬，你的朋友和家人會覺得不受尊重。他們會覺得，如果你這麼喜歡外國的文化，那你為什麼還要回國，為什麼不乾脆留在你喜歡的地方？

和交換國保持聯絡

接下來你要維持這一年所獲得的友誼，幸運的是，現在網路發達，Skype、社群網站等提供不同國家的人一個便宜的溝通管道，像是 Facebook 可以快速地看到別人的動態，也能即時的回覆訊息，但因為時差還有距離的關係，許多朋友關係會慢慢消失，可以選擇幾個重要的朋友長期保持聯絡，偶爾寄 e-mail 或是打通電話去關心他們，通常在交換學生回國的六個月內，你們聯絡的次數還會很頻繁，但時間過得愈久，會愈缺乏動力來維持聯繫。那些能夠維持一、兩年的朋友，很有可能會變成你一輩子的好朋友。

回去拜訪

如果有機會的話，能夠再次回到接待家庭或是學校拜訪是一件很棒的事情。也許你會希望多等一段時間再回去拜訪，通常一到三年會是拜訪最好的時機，或者你可以邀請接待家庭或是好朋友到你的國家來拜訪，他們一定會對這個機會感到開心，就像他們給你不同的視野，你也可以幫他們開啟看世界的另外一扇窗。

第二十一章 運用所學的新知識

　　一個交換學生獲得大量的知識和經驗後，已經瞭解不同文化，交到不同國籍的朋友，也變得更獨立，最重要的是語言能力的進步。上面的這些條件可以讓你製造許多環境下的優勢，接下來這章會討論如何將這年的學習，轉換成較實質的武器，讓你在升學和找工作時能有所倚仗。

在學校

　　如果結束一年的交換學生學年後，還要回到原本的高中就讀，剛好你去的是英語系國家時，英文課程對你來說會很輕鬆，盡你的能力拿到好成績，或是直接去考免修的考試，直接抵免學分，讓你能更有效率地運用時間，每個學校的規定不太一樣，可以和學校輔導室或教務處詢問相關資料。

　　這年所學習到的經驗對其他科目也有幫助，像是歷史、宗教、社會等，不要吝嗇和同學還有老師分享你在國外的體驗，用在國外所學的一切來幫助自己拿到好成績吧！

國際視野

當完一年交換學生後,你可以大聲的和別人說,你有國際交流的經驗了,尤其是在現在愈趨國際化的世代,許多企業、老闆重視國際化的經驗,在這方面,你已經不自覺的領先別人一步,因此不要忘記把自己交換過的經歷寫在履歷表上,如果大學或是未來還想去國外進修別的學位,過去的國際交流經驗會幫你加一些分數。

語言

如果你去的是英語系國家,那回國後的英文應該可以講得很流利,將這個優勢實現出來,參加一些語言的考試來證明自己的實力,例如說雅思或托福,有證書來證明你英文的能力,可以在找工作上有語言優勢;申請英語系國家的大學時,也有相當大的幫助。

如果你去的不是英語系國家,你在找工作上還是會有很大的優勢,許多企業都在尋找能夠說英語以外,其他外語的人才。維持自己的外語能力,當有機會再去國外時,能夠發現更多有趣的事情。

維持語言能力

　　當人在國外當交換學生的時候，你不會忘記這個語言，因為生活上的每件事情都會用到它，但許多前期交換學生表示，時間久了沒繼續練習，會慢慢陌生，能力也會慢慢下降，一段時間沒有使用這種語言，會需要多一點的時間才能想起某個單字。幸運的是，經過一年的根深柢固，當再次經過密集的練習後，便能夠快速地回到你原本的水準。

　　如果學習的是英文，應該不用擔心會喪失自己的英文能力，下次去國外旅行時，你會發現很快就可以像從前一樣順暢的對話，如果學習的是其他語言，再找個機會回去那個國家旅行一小段時間，相信這個語言已經烙印在你的本能裡面了。

　　一個簡單的方式來維持自己的外文能力，就是和你熟悉的外國朋友保持聯絡，使用外語打電話或是傳訊息可以讓自己的外文能力維持很長的一段時間。

第二十二章　交換學生測驗

答案會列在本章的最後面。

1. 在前往接待家庭的飛行航程中，你必須要在一個不熟悉的機場停留轉機，突然發現下一班前往接待地方的飛機被取消了，你該怎麼做？

A) 什麼都不做。找個舒服的位置坐下來，等別人打給你。

B) 如果附近有交換學生機構的人，和他們聯絡；如果沒有的話，則和航空公司服務臺聯絡，詢問如何到你想去的國家，打電話給接待家庭或是在機場接你的人，讓他們知道你飛機的行程。

C) 上網去訂其他航空公司的機票。

2. 上課的時候，你因為想上廁所離開教室，當你回來到教室時，老師問你去了哪裡，當和老師解釋去廁所時，他對你大吼。顯然你應該要得到老師的允許才能離開教室，你該怎麼做？

A) 再次離開教室直接回家，為了一點小事對我大吼真的是我完全沒有辦法接受的事情。

B) 大吼回去並且去其他地方，如果老師有什麼意見，完全和我沒有關係。

C) 道歉，解釋你不知道離開教室前要先和老師報備，並且表示這不會再次發生。

3. 接待家庭做了一頓晚餐，現在全家坐在餐桌前，但是桌上的菜看起來沒有很好吃，你該怎麼做？

A) 拒絕吃任何東西，並且當其他人每吃一口食物時，都擺出奇怪的表情。

B) 嘗試吃一點點食物，儘量不要冒犯到其他人。

C) 用電話叫披薩來吃。

4. 你已經到接待家庭一個禮拜，突然你感覺到思鄉，你該怎麼做？

A) 將自己行李打包，並且放到走廊上，表示你已經準備好回家了。

B) 把自己鎖在房間裡，拒絕和別人溝通。

C) 和接待家庭、聯絡人或任何可以幫助到你的人溝通講話。

5. 你現在和朋友在購物商場血拼，突然想到和接待家庭的媽媽有約，她現在可能在學校等你，你該怎麼做？

A) 打電話給她，並和她解釋現在發生的情況。

B) 什麼都不做，反正兩個小時後，朋友會載你回家。

C) 打電話給學校，希望他們和你的轟媽解釋。

6. 歷史課的時候，你被要求寫五百字關於殖民時期的作文，寫的過程中你發現你的外語能力沒辦法完成，你該怎麼做？

   A) 和其他同學借作業來抄。

   B) 什麼都不做，既然知道我寫不到五百字，那還不如什麼都不寫。

   C) 和老師解釋一下你目前遇到的麻煩，詢問是否可以縮減作業的份量，或是得到額外的幫忙。

7. 你是一個交換學生，交換的國家物價都很便宜，和別人比起來，你擁有很多的錢，你該怎麼做？

   A) 和別人炫耀你的財富，花愈多錢愈好，和朋友一起購物時，讓所有人知道你花了多少錢。

   B) 你知道大量的花費會造成社交上的困擾，因此在花錢時，你會謹慎不炫耀自己的財富。

   C) 不會花很多錢，但你會告訴別人，你有能力花很多錢。

8. 因為你的房間沒有電視，所以你過得很不開心，你該怎麼做？

   A) 沒有關係，你還可以在接待家庭的客廳看電視。

   B) 直接去買一個四十吋螢幕的電視放在自己房間中。

   C) 打電話給聯絡人，和他要求換接待家庭。

9. 你發現接待你的國家生活水準比家鄉的落後很多，你該如何克服？

A) 你用每個機會告訴別人他們的生活有多單純、簡單。

B) 你用每個機會告訴別人你家鄉的生活水準有多高。

C) 什麼都不做。瞭解到現實遇到的事情不會和過去一模一樣。

10. 交換學年只剩下最後一個月，你期待快點回到家，事實上你已經有點厭倦待在國外了，你該如何克服？

A) 如果別人問你關於回家的事情，你會誠實地告訴他，你期待回家，但你不會說你已經厭倦在這個地方了。

B) 告訴接待家庭還有所有人你已經厭倦這個地方了

C) 打電話給交換學生機構，告訴他們這個計畫持續的時間太久，可以縮短所有交換學生的時間。

答案：1. B　2. C　3. B　4. C　5. A　6. C　7. B　8. A　9. C　10. A

Part 4

第四部分　交換學生在美國

第二十三章 美國的簡介

　　你走下了學校黃色巴士的階梯，直接走進學校的大門，前往自己置物櫃的路上，你看到許多熟悉的臉孔，順利的解開置物櫃的鎖，拿了幾本第一節課會使用到的書籍，帶著興奮又期待的心情，往課堂的教室走去。教室裡瀰漫著熱烈的討論氣氛，說著昨晚和宿敵學校的那場重要籃球賽，突然鈴聲從牆上的擴音器響了出來，班上的同學全部站起來，轉向牆邊的美國國旗，並且將右手放在胸口，念著「Pledge of Allegiance」（對國旗的宣誓言），念完熟悉的宣言後，緊接著是每天學校的公告，一個再正常也不過的學校生活即將展開。

　　國土面積約一千萬平方公里，超過三億的人口，美國是世界上第三大的國家，包含了大大小小的城市，有擁擠的城市例如紐約和洛杉磯，有小島夏威夷，還有無數的鄉村小鎮。氣候的變化幅度非常大，德州的炎熱夏天和阿拉斯加的冰冷寒冬，各地的氣溫天候都不太一樣。有著綿長的海岸線，起伏的山巒，巨大的湖泊、沙漠、高原，還有大量的森林和各有特色的國家公園，就像美國前總統強生（Lyndon B. Johnson）所說，「美國不僅僅是一個國家，而且是很多小國家組成的國家。」

去美國的交換學生

美國有接待交換學生的傳統，每年邀請超過兩萬名的學生來，能夠變成這麼熱門的交換學生選擇不是沒有原因的，她有廣大遼闊又充滿變化的土地、當地人群也非常好客，此外，美國高中也是以提供多樣化課程選擇聞名的，包含各種體育項目和活動。

CSIET

國際教育旅行標準協會（The Council on Standard for International Education Travel）是一個美國的非營利組織，目的是來確保每個交換計畫的品質，CSIET 設定了選擇接待家庭的標準和門檻、幫忙準備交換學生的行政相關事務等，絕大多數的交換學生機構都有在美國 CSIET 的名單裡面，如果你選擇的交換學生機構不在裡面，記得問清楚為什麼。

歷史

美國相對歐洲國家只有很短的歷史，但以下並不會將所有的細節介紹出來，只會提供一些重要的時間軸，和美國歷史上發生重要的事情。

美國歷史中重要的年份

1492　哥倫布發現新大陸（美洲）。

1607　英國建立了第一個永久殖民地位於維基尼亞州（Jamestown, Virginia）。

1620　歐洲第一批清教徒搭乘五月花號到達美國。

1776 7/4　美國十三州聯合起來宣告獨立，原本和英國的殖民關係，發展成對立的獨立戰爭。

1783-84　聯邦獲得獨立戰爭勝利。

1789　美國制定了第一部的憲法，喬治・華盛頓（George Washington）獲選爲第一任美國總統。

1861　許多美國南邊的州聯合起來，希望獨立出原本的聯邦，北方的州拒絕他們的要求，因此展開了南北戰爭，此場戰爭造成超過六百萬人死亡。

1865　北方聯邦獲得勝利，南方州重回聯邦。

1900s　美國因爲工業發展而成爲世界強權，經濟快速成長，並且獲得美西戰爭的勝利。

1917-18　美國以協約國的一分子參戰第一次世界大戰。

1941-45　美國以同盟國的一分子參戰第二次世界大戰。

1950-53　美國介入南北韓之間的紛爭。

1969　美國太空人阿姆斯壯（Neil Armstrong）成爲世界上第一個登陸月球的人類。

1960s-73　美國打越南戰爭。

1990-91　美國打波斯灣戰爭，並且稱之為「沙漠風暴行動」。

2001　9/1 恐怖分子攻擊紐約市的世貿中心、華盛頓州的五角大廈，此後美國發動對阿富汗的戰爭。

2003　美國入侵伊朗。

2008　歐巴馬成為第一個非裔美國人的美國總統，並且於 2012 年連任成功。

政府

就像許多其他的國家一樣，美國的政治權力為三權分立，分成行政、立法、司法部門。

行政體系：總統

每四年選一次總統和副總統，總統必須要在美國出生，居住在美國超過十四年，並且至少三十五歲，總統經過一連串複雜的步驟後可以被罷免重選。總統是聯邦政府的執行人，同時也是三軍統帥、行政首長、立法首長、外交首長、黨主席等。

立法體系：議會

　　美國議會分成兩個部分，參議院和眾議院，參議會由一百名議員組成，每個州兩名代表，每個議員的任期是六年，分成三批，每兩年會選一次。而眾議會有四百五十三個席位，每個席位的任期是兩年，是依照每個州人口的比例來選舉的。

司法體系：最高法院

　　最高法院包含一位大法官長和八位大法官組成，新的大法官由總統提名，但必須經過參議會同意，最高法院的任期是沒有期限的，除非發現有不適任的狀況。

州政府和聯邦政府

　　因為美國是聯邦體系，代表五十個州都有各自不同的行政機關，舉例來說，每個州可以訂定各自的法律、警察的權利、和自己的稅率，然而是由聯邦政府來提供國家安全防護、國際外交政策、錢的價值、和進出口的稅率。

你知道嗎？在美國的許多地方，郵寄是送到家門口的臺階上的。

政治

美國的政治環境主要是由兩大陣營輪流掌控，分別是民主黨（Democratic Party）和共和黨（Republican Party），民主黨通常被視為比較自由的，支持強硬的政府來確保美國公民的安居樂業；共和黨通常則被視為保守的，他們支持的是小政府和商業及非營利等，來確保美國公民的安居樂業。有些國家的文化會將支持的政黨還有政策認為是私密的事情，然而在美國，公開自己支持的政黨是很常見的事情。例如說在選舉時，許多選民會在自己的後院掛上支持者的圖片或符號，還有在大大小小選舉時，常有機會接到政治狂熱分子打電話來說服你支持某位候選人的事情。

兩個不同黨派對下列議題也有不同的看法：

- 關於自願墮胎（支持者認為他們有自己選擇的權利；反對者則認為有生命的權利）
- 關於是否施行死刑
- 民眾擁有或攜帶槍械的權利
- 國際參與和介入，例如阿富汗和伊朗
- 幹細胞研究

- 醫療保險

瞭解這些敏感的議題很重要，當你和不熟悉的人討論到這些議題時，小心自己的用語和口氣。

地理

北方有加拿大、南方有墨西哥，美、加、墨三國瓜分了大塊北美大陸，西海岸和太平洋相鄰、東海岸線則和大西洋相鄰，美國有四十九個州在主要大陸上，而剩下的一個夏威夷則是在太平洋上的連串小島，人們通常將美國分成四大區塊，東北（Northeast）、南（Southeast and Southwest）、中西（Midwest）、和西部（West）。

人口

十九到二十一世紀，美國接受了超過七千萬的移民，每年還持續接受六十到八十萬的新移民人口，在超過三億的人口當中，有 69% 是白人（高加索人），12%是黑人（非裔美國人），13%是西班牙人，4%是亞洲人，還有 1%的天生美國人，要注意的一點是，當美國人談論到種族議題時，避免使用到黑（black）和白（white）人的稱呼，而是用高加索人（Caucasian）和非裔美國人（African-American）來稱呼。

大熔爐

可以很容易的從上面的比例發現，美國其實是由世界各地的人所組成，如果和美國人聊天時，提到你從哪裡來，很有可能對方也會提到自己的血統種族，也有可能是來自不同的國家，例如說對方可能會有 25% 愛爾蘭血統、25%德國人血統、25%菲律賓血統、12.5%西班牙血統、和 12.5%波蘭人血統，美國人對自己多樣化的血統感到自豪，也有人會直接說自己是愛爾蘭人或是義大利人，有些甚至仍會和國外的遠房親戚聯絡。

Travel advice- 小建議

在美國避免使用帶有種族歧視的詞語，如果冒犯到別人會有不好的結果。

氣候

美國因為是個大國家，所以氣候絕對不可能只有一種，有些區域有寒冬及溫暖的夏季；有些則是一年四季皆冷或皆熱，下面的表格列出美國大城市的平均溫度，可以參考看看。

城市	七、八月	一、二月	城市	七、八月	一、二月
芝加哥	24 度	-3 度	紐　約	24 度	1 度
丹　佛	23 度	0 度	奧蘭多	26 度	15 度
拉斯維加斯	32 度	8 度	舊金山	17 度	10 度
洛杉磯	21 度	13 度	西雅圖	18 度	2 度
紐奧良	29 度	14 度	華　府	25 度	3 度

（單位：攝氏）

上帝的土地

　　美國也以他們宗教上的自由為榮，同時憲章也保障每個人選擇自己宗教的權利，因此禁止公立學校統一教授宗教課程，另一方面，基督教在美國的影響力很大，每天早上在學校對國旗念的「Pledge of Allegiance」中，就有包含「one nation under God」這句話，還有像美國一元鈔票有印「In God we trust」的句子等，還有如果在法庭當證人或是發誓時，通常會有一隻手放在聖經上面。

　　宗教對於美國人來說是很重要的，而且它在生活中扮演重要的角色，公開自己信仰在美國也是常見的事情，許多人都會在星期天早上去教堂，還有人一個禮拜會參加教堂活動許多次，有些基督教團體在別人眼中會顯得特別保守，但這不會影響他們的生活。美國還有許多其他的宗教，例如猶太教、摩門教、伊斯蘭教、末日教派等，最近無神論者也愈來愈多，但基督教在整個美國還是

占有主導的地位。交換學生到了美國會發現宗教占生活很重要的一個部分，這和家鄉或許會有很大的不同。

　　身為一個交換學生，你不需要去改變原本的宗教信仰，但尊重別人的信仰是很重要的事情，不要因為別人的觀點和你不同，而做出評論。

Travel advice- 小建議

不要嘗試去否定別人的宗教，就算你和對方的宗教處在不同的立場，也要學會尊重，體諒別人的信仰。

美國的東西比較大

　　不單單是指城市、車子、食物的消費，還有雜貨店、購物商場等，實際上像是 Walmart 這種大商場，裡面通常還會有速食店像麥當勞、Subway 等餐飲連鎖店。

物價

　　美國的價位和歐洲比起來算便宜許多，例如說石油的價格是歐洲的一半，名牌產品還有電子商品在美國的價位也比多數的國家低，但要記得一件事

情，美國的價位牌上通常指的是不含稅的價格，最後會在收銀檯付費時才一併算入。美國地區和商品都有不同的稅率，通常的稅率在 3%到 10%之間。

物價範例（2012）

產品	美國價錢
礦泉水（600cc）	20 cents – 2 dollars
大亨堡	1.5 dollars
當地巴士錢	1 dollar
學校的寬鬆無領長袖運動衫	25 dollars
學校午餐	2 dollars – 4 dollars

第二十四章 美國的文化與社交

友善

　　美國人被認爲是非常擅長交際的，因爲他們的友善，所以很容易和美國人開啓話題。不管是同學、鄰居、親戚、老師通常會主動地和你溝通，但友善和獲得眞正的友誼是不一樣的。

　　不能因爲他們對你非常友善，就認爲他們會是你一生中重要的朋友。假如你遇到一個美國人並且和他聊天，十分鐘過後他稱呼你爲「friend」，話題愈講愈投機，最後聊了半個多小時。但也許下次在遇見他，只會和你說聲「hi」，然後走掉，也許你會感到很困惑。許多外地來的人有遇過相同經驗，然後形容美國人很虛僞和表面。然而實際上那個美國人可能只是對你的身分感到好奇，因此釋出善意想多瞭解關於你的事情，使用「friend」在美國其實有很廣的意思，點頭之交也可以稱做「friend」，但當話題結束後，未必會有後續維持關係的動作。這點其實在很多國家都一樣，眞正的朋友絕對需要花時間去建立的。

喜歡說話的民族

美國人喜歡講話，沉默通常會被認為很害羞，和陌生人講話在美國是很常見的事情，不管是在排隊等車、飛機座位旁，還是路上遇到鄰居，當你遇到這種偶然的對話，避免提到體重、年齡、薪水等尷尬的議題，還有在還不夠熟之前，最好避開宗教和政治的話題。

直話直說

美國人被視為是直話直說的，也許只有德國人比美國人更直話直說。美國人不喜歡把話說得不清楚，或是把事情隱瞞起來不說。我們可以從美國的一些習慣用語來看看他們的哲學，「Get to the point.」和「Don't beat around the bush.」都是指直接切入重點的意思，所以如果遇到什麼困難，他們會希望你把事情說出來，而不是悶在心裡都不表示意見，當然這也不代表他們不會隱藏秘密，而是說美國人比較直接。

禮貌

美國人常使用「please」、「thank you」和「you're welcome」來表達出自己的感恩和善意，如果有人幫你開門或是幫助你，要懂得說謝謝，看看以下的

對話內容：

> A：（打噴嚏）
> B："Bless you!"
> A："Thank you!"
> B："You're welcome!"

對於美國人來說，禮貌可以代表一個人的特質，他展現出你的態度，也代表你是否有感恩的心。

關於赤裸

從許多美國電影可以看出美國人對於穿著是比較開放的，但事實和電影總是有些差距，穿的太少，或是赤裸出門都不是件好事，所以還是要觀察其他人的行為來決定自己的尺度。舉例來說，當你在接待家庭洗完澡後，至少要圍一條浴巾出來，而不是光著身子或是只穿內衣褲。

服裝

美國人和歐洲人比起來喜歡穿寬鬆或是大件的衣服，儘管流行是會隨著

時間改變的，但美國人認爲小孩穿很緊身的衣服是很奇怪的事情。另外，女生的穿著如果是很緊又貼身，或是一些暴露的衣服（例如超短裙、低胸、低領口等），在某些地方會被認爲是冒犯的行爲，曾有過歐洲來的交換學生因爲服裝的不合規定而被學校警告。

行為代表個人

美國人是言出必行的民族，像「He's all talk and no action.」和「He doesn't walk the talk.」就是對那些只會動口不會實際行動的諷刺，在 Craig Storti 書中關於美國人的部分寫到，「我們做的行爲和渴望達成的目標都有很寬廣的空間，而這也是我們思考的方式和評論別人的方式。」換句話說，如果其他人不知道你在做什麼，那他們怎麼瞭解到你這個人？

如果被問到曾經達成過什麼事、父母的職業、對未來有什麼想法，不要感到驚訝，美國人欽佩那些爲自己設定目標，並且達成的人。錢的多寡在美國不單只是財富的象徵，還代表一個人的成就。

這種「結果論」透過各種層面影響著美國人的生活，學校會公布成績最優秀的前幾名學生，獲得最多獎學金的學生等。而所謂「valedictorian」是指因爲很高的榮譽而獲得畢業生代表，在畢業典禮上致詞的人。好的成績也代表有愈高的機率從大學或是州內獲得獎學金，付出愈多，努力也愈容易獲得成果，有些美國公司還有設定每月最佳業績獎項等等。

每個問題都有解答

在美國，普遍的想法是沒有什麼困難是沒辦法解決的，舉例來說，不同形式的汙染，美國人相信高科技可以解決這個問題。這也代表說如果你還沒找到正確的解決方式，通常是你還不夠努力去尋找幫助，如果一個醫生沒有辦法治療你，那一定有其他醫生可以。他們相信自己可以掌控自己的生活，命運雖然可能影響，但最終的控制權還是在自己手上，他們堅信自己才是命運的主人。

對未來表示樂觀

美國人是樂觀的民族，他們相信未來是充滿機會和希望的，在困難的環境中，也會用樂觀的角度去看世界。悲觀和負面被認為是不好的，快樂才是人生的目標，「追求快樂」甚至寫在美國獨立宣言中，他們不喜歡別人處在悲傷的情緒，會積極去鼓勵別人，他們常會用好吃的食物來讓朋友告別難過與悲傷。

幽默

美國人喜歡不拘禮節，並且和別人分享快樂，有幽默感的人很容易受歡迎，所以如果你能在適當的時機講出正確的笑話，朋友很容易聚集在你身邊，期待你再說出什麼令人開心的話語。諷刺在美國是很常見的幽默方式，有時也

是讓自己開心很好的辦法,他們不喜歡把自己看得太嚴肅的人,但喜歡開自己玩笑的傢伙。

　　然而不拘禮節和放鬆的態度通常會比僵化、正式來的好相處,然而還是要看清楚場合,保持禮貌是很基本而且重要的。

誇張的言語

　　有種說法說,英國人表達自己是「保守的陳述」,而美國人則是「誇大其詞」,舉例來說,英國人會說「It's was't bad」,而美國人會說「It was great」。美國人喜歡將自己最正面的態度展現出來,在美國的演講中也常可聽到吹牛的談論,他們喜歡用「the best」和「the finest」更勝其他國家,對他們來說,謙虛或克制自己可能沒那麼好,反而可能會被認為害羞或是膽怯。他們也喜歡給予和接受讚美。這很好不是嗎?

個人主義和獨立自主

　　在所有國家之中,美國應該是最崇向個人主義的國家。就像他們堅信只要有努力,最後一定會獲得好成就一樣,他們最早學習的事情就是對自己要有信心,許多美國人拒絕向朋友或家人求救,因為這會顯得很脆弱或是依賴的。相對來說,亞洲國家從小的時候便需要學習團隊合作,瞭解合作的重要性,當需

要幫助時互相幫忙。在美國還有另一種說法，如果每個人都處理好自己的事，那便不會有問題產生，因此，許多美國人會投入慈善事業或投注金錢來幫助其他人。

機會的土地

美國人對自己的家族地位、社會地位感到自豪，年齡在美國的影響沒有其他國家那麼大，反而是透過人的表現和特質來評斷一個人，因此在美國只要有能力，想要成功是很迅速的事。通常晉升的先後不是看誰先進入公司，而是看誰的工作能力比較優秀。

因為可以在美國從貧窮變成富有，美國又稱為「機會的土地」。在美國人眼中，如果你努力了卻還沒有達到應有的成果，只有可能是因為你還不夠努力，那些貧窮的美國人也不會去怪別人，而是責怪自己付出的不夠。

時間就是金錢

「時間就是金錢」這句話深深地烙印在美國文化中，不隨便浪費別人時間，簡單的事情也不隨便求別人幫忙，因此好的效率和準時是很重要的，如果已經知道會遲到超過十分鐘，最好打個電話通知對方。

衛生

個人衛生在美國是很重要的，他們每天至少洗一次澡，換一套乾淨衣物，噴上除臭劑等，讓自己維持清爽是很重要的。

約會和人際關係

美國的年輕人通常在十三歲或十四歲就開始約會，不同的地區和宗教還有父母的態度會影響年紀的大小，通常約會的內容是打保齡球、看電影、在外面吃飯等等，家長通常會希望在出發前看看你約會的對象，約會結束後，男生會在女方父母規定的時間前，將女生送到她家門口，同時和不同的人約會會造成不好的名聲（例如說星期一和一個，星期六和另外一個），如果和不同性別的人出去玩，又不是約會，通常會稱之為「hanging out」。

和其他歐洲國家比起來，美國對於男女生之間的關係算比較保守的，你必須要和異性朋友待在公開的場合，避免和異性單獨待在私密的空間。。

美國電影和影集常給別人一種，對「性」很開放的印象，然而這個議題對許多人來說是很敏感的。實際上，許多美國人不支持學校教關於避孕的事情，還有在美國，未滿十八歲是不允許有性行為的，而且對於與未成年人發生關係有許多的法令和刑罰。

酒精與藥物

在美國要超過二十一歲才能喝酒，許多人強烈反對在這之前接觸酒精，有些人則是完全反對酒精飲料的存在，因此對交換學生來說，需要特別的小心。交換學生機構會完全禁止你和接待家庭飲用酒精飲料，所以當有人拿酒到你面前時，務必三思而後行，當有線人提供情報時，警察會突襲派對現場，找看看有沒有人喝酒又未滿二十一歲，你不會希望接待家庭在凌晨兩點鐘從警察局裡面把你接出來，當你坐在回家的飛機上才反悔時，已經來不及了。

幸運的是，就算沒有酒，美國還是有許多好玩有趣的事情，遠離酒精不代表假日要孤單的待在家中。

大麻（marijuana、pot、weed）在美國的年輕人中，算是相對氾濫的藥物濫用，而交換學生一年也有可能遇到有人向你提供這些藥物。然而，大麻被認為是毒品的一種，而毒品的法令是比酒精更加嚴峻，如果在學校被抓到服用大麻，你會被停學，甚至退學；如果是警察抓到你，你會失去留在美國的居留權，接待家庭會要求你離開，通常被抓到服用毒品代表領了一張最迅速的回國機票，如果運氣夠好，飲用酒精飲料還有可能逃過一劫，然而交換學生服用毒品卻是沒有第二條路可以選擇，所以別拿自己的前途和未來開玩笑。

名字和稱謂

美國人在稱呼小孩、朋友、或熟悉的人時，用的是名字（first name），其他人稱呼則用姓氏（last name）。在還沒有經過同意前，不要直接叫不熟悉人的名字。

用名字稱呼小孩還有和自己年紀相仿的同學，但記得叫老師、朋友父母和其他大人時，要使用稱謂加上姓氏，例如說「Mrs. O'Boyle」或是「Mr. Murray」，或許他們會回說「Oh, please, call me Katie」，那之後就可以直接稱呼他們的名字。但是按照規矩，你只能用姓氏來稱呼成人。

如果你要稱呼的人是個醫生或是教授，則使用他專業的稱謂和姓氏，例如說「Dr. Hall」或是「Professor Stanton」；如果是運動教練的話則稱爲「Coach Smith」（舉例教練姓 Smith），或是直接稱「Coach」；如果是和警察講話，用「Officer」當作稱謂，例如說「Excuse me, Officer, I seem to…」。

愛國主義和自尊：以美國人為榮

美國人是自尊心很強的人，他們以自己的憲法爲榮、以民主和自由爲榮、以法律和歷史爲傲，美國國旗可以象徵他們愛國的精神，可以在每間學校教室的牆上、公共建築、許多房子的窗臺看見美國國旗，國旗象徵著自由、多樣化、和公平，這正是美國創立之初的三項基礎。

美國國歌「星條旗」（The Star-Spangled Banner），在美國常會有機會聽到，幾乎所有的體育項目在開始前都會先播這首曲子，通常會有一個歌手用擴音設備引導大家跟著唱，當聽到國歌在播放時，先把帽子脫掉（如果有戴的話），把腰桿挺直並正面向國旗，並且將右手放在心臟的位置，有些更尊敬國家的美國人會在唱歌的時候把眼睛閉上。還有另外一首愛國歌曲是 Lee Greenwood 的「God bless the USA」。

工作

美國人花許多時間在工作上，有些人為了賺更多的錢會選擇多兼幾個工作，有些人則會在正值工作之餘，操作小型的商業計畫，這些額外的收入，通常會安排旅行或其他購物。

第二十五章　美國接待家庭

普遍對美國接待家庭的刻板印象是家中有兩個到四個小孩，一隻狗，家中每個人都有自己的駕照和車，但實際上，美國家庭就和其他世界的家庭一樣，千變萬化。

接待規定

在網路上可以很容易地發現，現在接待家庭的規定愈來愈嚴謹，一個家庭要接待交換學生之前，需要經過面試還有提供相關證明文件，中間的協調人會到他們家，拍交換學生的房間、浴室、廚房、家庭共用空間的照片，此外，還會檢查家中超過十八歲人的背景資料（犯罪紀錄），這是為了確保交換學生的安全和福利。

接待家庭的動機

　　爲什麼美國家庭喜歡接待交換學生呢？美國人對陌生人很友善，而且他們好客的天性對交換學生來說是適合的，他們對自己的文化很自豪，而且喜歡和別人分享，此外，許多美國人夢想要去環遊世界，看看不同的文化和風情，而接待交換學生可以透過一起生活來得到文化的交流，家長也會希望交換學生能夠和自己的小孩分享不同文化，擴大雙方彼此的眼界。

家事

　　只有極少數的美國家庭會有專門打掃的傭人，所以每個家庭成員負擔部分家事是很正常的，要有心理準備每個禮拜花幾個小時打掃自己房間還有做家事，試著主動幫忙而不是等別人來問，說不定接待家庭會增加對你的好感。

忙碌的生活還有家庭時間

　　美國的家庭生活常常是急促的，許多家庭因爲要接送小孩去運動練習、鋼琴練習而跑東跑西，但儘管他們生活是忙碌的，還是會找一個時段讓所有家人聚在一起，有可能是在某一天晚餐結束後，或是一個晚上坐在電視前聊天。假

日的時候，許多美國家庭會一起吃早餐，傳遞培根、炒蛋、鬆餅，這種家庭聚在一起的感覺對他們來說非常重要。

宵禁和嚴厲的家長

在美國，青少年通常會有規定回家的時間，也就是最晚在幾點之前一定要回家，還有他們會打電話告訴家長和誰去了哪裡，要記得的是，現在人在國外而不是原本的家鄉，原本的特權和責任都不一樣，雖然交換學生可能會覺得不夠自由，但尊重和學習本來就是我們出國的目的。

信用

美國家長非常重視信用，不要和他們說謊，如果被抓到說謊的話，很容易破壞彼此建立出來的關係。

不要批評

批評不會獲得任何好處，你可以自由地表示自己感覺到不舒服，或是對事情不太瞭解，但千萬不要變成批評接待家庭的生活型態。

家中的公共空間

　　除非你是在做家事，不然長時間待在自己房間很容易被誤認為你不快樂，特別是你將門關上時，這個行為會讓接待家庭覺得你不喜歡他們，將你的書、IPad、筆記型電腦帶到家庭的公共空間，坐在那邊和大家一起。美國人喜歡家庭的成員待在一起的感覺。

告訴他們你要去哪裡

　　美國接待家庭要對你負責，所以會希望知道你在哪裡，還有你和誰在做什麼，出門前記得要告訴他們或是留一張字條。

假期或是節日

　　感恩節和聖誕節是家庭會聚在一起的節日，避免在這個時候安排旅遊的計畫，如果這個節日沒有和接待家庭待在一起，會被誤認為你對他們的家庭不感興趣。

　　運用春假（復活節）來旅遊，或是做一些獨立於接待家庭外的事情。（除非他們已經有幫你安排什麼計畫，如果是這樣記得和他們討論。）

需要特別記得的事情

在接待家庭待上一段時間後，你會瞭解家庭的規則和習慣，但為了幫助你有個好的開始，以下列出幾項事情要特別記得的：

1. 當你離開房間時，關掉沒有要用的燈和音樂等電子產品。（通常是你的房間）

2. 不要將食物和飲料（例外：水）帶到私人的空間，包括你的房間和廁所。

3. 幫自己善後。也就是說把一個地方弄髒弄亂，你就有責任把它復原，當你吃完零食還有飲料後，將碗盤放進洗碗機裡面，不要將垃圾留在桌面。

4. 進到室內時將鞋子脫掉，放在一邊，不要擋到其他人的行進路線。

5. 記得要將廚房的櫥櫃關上。

6. 觀察接待家庭吃飯的時間，幫忙準備晚餐、擺盤、拿餐具、收拾桌面、洗碗等等。

7. 多問別人，「有沒有我可以幫忙的（How can I help）」，通常可以瞭解家庭的習慣和家事的運作流程，如果接待家庭有養狗，說不定你可以帶牠出去散散步。

第二十六章 準備和出發到美國

疫苗

全部交換學生在前往美國之前都要施打 B 型肝炎的疫苗，通常會分三劑，全部施打時間加起來要半年左右，此外，學校可能會要求要提供其他疫苗施打證明，像是麻疹疫苗等。

簽證

你需要拿交換學生的簽證才能進入美國一年的時間，申請的場所在各國的美國在臺協會，經過書面審查後，還有經過指紋鑑定，和面試這兩道關卡，你可能會在美國在臺協會等待一段時間，但真正面試只有幾分鐘就結束了，會隔著一個櫃檯問你一些問題，通常會問為什麼想要去美國，在那邊要做什麼，是否有過犯罪紀錄等等，面試結束後，會需要幾個禮拜的時間，簽證才會寄到家中。提醒一下，雖然現在到美國玩是可以免簽證的，但是交換學生拿的簽證是不一樣的，所以還是會需要經過面試等項目。

> ### Fun fact- 小知識
>
> 你知道嗎？美國是世界上旅遊人數第三多的國家，每年有超過五千萬人到美國旅遊。

醫療確認

到美國的交換學生在出發前要經過醫療的檢查，確認在心理和身理方面都是健康的。

文化和語言的準備

前往美國的交換學生在出發前最好先閱讀一些關於美國的書籍，並且盡可能地先練習英文，嘗試看美國影集或電影時關掉字幕，或是閱讀網路上的美國新聞、報紙（USAToday.com, NYTimes.com, CNN.com）。

行李

過去交換學生可以免費攜帶 32 公斤的行李到美國，但現在多數的航空公

司廢除了原先的規定，現在只能免費攜帶 23 公斤的行李，多餘的重量要額外付錢，要注意的是國際線和國內航班的規定不一定會一樣，出發前還是要確認一下。

> **Travel advice- 小建議**
>
> 如果你喜歡名牌產品，可以留到美國旅遊時再購買，美國很多名牌都比其他地方便宜。

可以參考第九章關於行李的介紹。

時區的差異

美國大陸的時區，是在格林威治標準時間的 -5 到 -8，而臺灣則是在 +8 的時區，舉例來說，臺灣現在是星期一下午三點，而美國加州位在 -8 的時區，兩者相差十六個小時，美國加州當地時間為星期天晚上十一點。要注意一點是，歐美國家有夏季節約時間，往往會在夏季把時間提早一個小時，例如說加州時間會變成晚上十二點。

> **Travel advice- 小建議**
>
> 出去玩時，身上要帶 20 到 50 元的現金，信用卡和現金卡在許多地方都無法使用，攜帶一點現金會方便許多，可以在銀行或是機場換錢。

旅遊

如果去旅行時，記得將接待家庭的地址記下來，也許會在旅遊的途中需要用到。

海關申請表

在前往美國的飛機上，你會被要求填海關入境申請表，裡面包含許多關於你攜帶物品的是非問題，攜帶超過一百美元的行李是要額外交稅的。

注意：美國是不允許攜帶任何水果、蔬菜、植物、新鮮肉品、多數種子、或是任何由動物或植物組成的食品，如果被發現，會被處以罰金。

入境和海關

你會先經過入境的櫃檯（確認你的護照），然後通過海關，才能真正進入到美國的土地。

入境時可能會問你一些問題，並且確認你的指紋和照片，準備好簽證和護照，之後便可以去領行李了，最後出關也會同時繳交前面的海關申請表。

Travel advice- 小建議

如果等待轉機的過程很長，也許可以準備一本有趣的書，或是在 iPod 中創一個新的播放清單。

第二十七章　美國高中

　　黃巴士、走廊上自己的置物櫃、自由選擇的課程、常坐的餐廳座位、自由的在課間的走廊上聊天、學校的畢業舞會、放學後的校隊練習、比賽前鼓舞士氣的集會、一些主場比賽特有的活動和遊戲等，參與美國高中學年不單只有教育課程，還有精彩豐富的生活。

學校系統

　　美國的學校系統分為十二個年級，不同地區可能會有不同的分配方式，有些地區是國小、國中、高中，或是只有國小和高中，可以看看下面的表：

年級	高中畢業		年齡	代稱
12	高中	高中	17	Seniors
11			16	Juniors
10			15	Sophomores
9	國中		14	Freshmen
8		國小	13	
7			12	
6	國小		11	
5			10	
4			9	
3			8	
2			7	
1			6	
K	幼稚園		4-5	
PK	托兒所		2-4	

　　美國中等教育的最後三或四個年級被稱爲「Senior high school」，通常也直接稱做「high school」。學生在高中時也分別被稱爲「freshmen」、「sophomores」、「juniors」、「seniors」，詳細對照可以看上面的圖表，而九年級的學生有可能在高中或是國中，每個地方不太一樣。

　　還有當高中體系只有三個年級時，十年級也被稱之爲「freshmen」。

　　交換學生通常會根據年齡、英語程度、或過去的年級被分配到不同的年

級，在美國，同年級的人會被分爲同一個群組，通常是用他們的畢業年齡當作代稱，例如說「2020」代表預計要在 2020 年從高中畢業的所有人。

特別注意的是 freshmen、sophomore、junior、senior 這四個詞，同時用在美國大學制的四個年級，所以說「2020」也同樣代表 2020 年要從大學畢業的這群人。

個別的課程表

美國高中的每個人在開學前都會擁有自己獨特的課表，除了那些必修的課程外，學生可以從眾多的課程中選擇自己喜歡的，因爲每個學生的課表都不一樣，所以同一堂課程可能會有來自不同年級的學生，每堂課通常是四十五分鐘，通常星期一到星期五的課表都是相同的，也就是說，每節課的順序和時間都是固定的，直到學期結束才能換別的課程。

科目

通常美國高中的核心課程指的是英文、歷史、數學、自然，除此之外，包含各式各樣特色的課程，例如心理學、攝影、旅遊、演講、戲劇、拉丁語、會計、營養學、繪圖、銷售、高爾夫、重訓、現代舞等。

進階課程（AP classes）

AP 課程是 Advanced Placement 的縮寫，是比普通課程更高難度的課程，選擇這些課程可以幫助大學的申請，如果分數夠高還可以抵免大學的學分，前面有 AP 開頭的課程一定會比沒有 AP 的課程難，但同樣會學到更多的東西，如果你對某個科目很有興趣，可以嘗試選修這些高難度的課程，例如說進階心理學或是進階化學。

導師班級（Homeroom）

每個學生都會被分配到一個導師，通常每天會把所有的導生都聚在一起，如果有重要事情宣布時，通常會由各個導師宣布，就像每天的廣播一樣。

課程參與

　　美國學生被期望並鼓勵參加課程的討論，愈主動、積極的學生容易獲得獎勵，老師也會想盡辦法來讓課程變得有趣吸引人，有些老師很注重上課要抄筆記，所以上課時記得要帶筆記本和筆。

Travel advice- **小建議**

如果你不喜歡做筆記，盡量將關鍵字寫下來，可以幫助學習的效果，也會讓老師對你有好的印象。

　　上課及討論時間，不要使用粗俗或侮辱的詞彙，這被認為是很不尊重的，而且很有可能會因此被記過或處罰。

考試

　　學生藉由考試、測驗（quiz：通常是選擇題）、還有作文來評成績，會有每堂課的小考，也有不定時的隨堂考（pop quiz）。許多交換學生發現美國的考試比原先國家的考試內容簡單許多，但這不代表考試可以輕鬆的混過去，還是要付出一定的努力才能通過考試。

學生的角色

在美國當學生或許和在原先國家有很大的不同，如果不能去學校，一定要打電話或是通知學校，不然會被記曠課；上課時間也不行隨便到學校外面閒晃；需要上廁所或是需要到自己的櫃子拿東西時，一定要先和老師說，並拿「同意書」（hall pass、permission）。做好學生該有的本分，不然接受處分就不好了。

課外活動

多數的學校都會提供多元的課後活動，像是辯論團隊、西洋棋隊、數學性社團、天文社、滑雪社團、畢業紀念冊小組、校刊團隊、學校廣播團隊、寫作社團、合唱團、樂團等等。

運動、激烈性活動

在美國，不管是男生女生的運動項目，通常都是由學校主辦，每個學校都有各自的足球隊、籃球隊、啦啦隊等，運動是季節性的，分為夏季、冬季、春季，美式足球和足球通常是秋季的運動；籃球是冬季的運動；棒球則是春季的運動。因為季節性的關係，學校可以提供大量的運動項目選擇，一個人也可

以參加三種運動的訓練，包含了美式足球、足球、網球、越野慢跑、籃球、排球、摔角、高爾夫、田徑、曲棍球、棒球、壘球、啦啦隊等。

參加選拔

為了要加入學校的校隊，通常會經過選拔的過程，任何人都可以參加選拔，只有最優秀的才會被選入校隊。

每個校隊也會有不同的層級，看看接下來的分別。

名稱	內容
Varsity（代表隊）	通常是由高年級的學生組成，代表學校出去比賽的一軍隊伍。
Junior Varsity（JV）	通常是由較低年級的學生組成，代表學校的二軍隊伍。
Modified	通常是由國中一年級學生所組成的隊伍。

Travel advice- 小建議

多參加學校的活動和社團，可以認識新朋友、遠離寂寞也避免思鄉的情況產生。

高中象徵物

美國高中特色不只是因為上課時間從早上八點到下午三點，放學鐘響

後，還要繼續參加運動或社團活動，假日有學校辦的舞會或是重要的球賽，學生會穿著代表學校的顏色和圖騰來支持自己的學校。每個學校都有自己的宿敵學校，當兩校的球隊碰撞時，氣氛通常會被炒得特別熱烈。每個學校都有自己的顏色和吉祥物，這是美國高中非常特別的部分，也是交換學生一定要體驗的部分。

課間休息

　　除了午餐的休息時間外，課堂與課堂之間的休息往往是很短暫的，往往只有兩到三分鐘的時間。

教室

　　老師通常擁有自己的教室，並且有各自特色的裝飾和海報，還會把相關課程的教材黏貼在教室的牆上，布置則是交由每學期修課的學生，桌子通常只有一小塊寫作空間，而且桌椅常連在一起。

Fun fact- 小知識
你知道嗎？在美國的學校，幾乎每間教室都可以看到美國國旗。

到學校的交通工具

在美國，讓學生能夠學習是學校的責任，因此學校會提供學校巴士，那些沒搭巴士的人通常自行開車來回（美國的合法駕車年齡爲十六歲），走路或是騎腳踏車到學校反而是少數人的選擇，除非住家離學校非常近。

> **Fun fact- 小知識**
>
> 你知道嗎？根據聯邦規定，美國所有的學校巴士都要是黃色的，並且上面要有「School bus」的字樣。

午餐

學校每天的午餐時間爲三十分鐘到一個小時，學生在餐廳用餐或是到學校的庭園、操場，而因爲課間的休息時間很短暫，所以通常不會有時間吃零食。幾乎所有的學校都提供溫熱的午餐，傳統一點的還有牛奶，價格約在 1-4 塊美金。你也可以攜帶自己午餐，美國人通常將午餐打包在咖啡色的紙袋中，傳統的早餐有一到兩個三明治、一顆蘋果、一小包洋芋片、一片餅乾、幾顆巧克力等。

端著午餐盤，在餐廳中找個臨時的座位，午餐休息時間除了吃飯，還是學生互相聊天、歡笑、相約出去玩的時間。

學校櫃子

通常每個學生都有自己的櫃子。在第一節課之前，學生可以到櫃子將包包或其他書籍放到櫃子中，課間的休息時間，則可以回來櫃子換下堂課所需要的書籍。

學生與老師之間的關係

美國老師和學生的關係可以是很輕鬆，也有可能很嚴肅，依照每個學校和老師都有不一樣的狀況，此外，不管老師是嚴肅或是輕鬆，顯示出該有的尊重是必要的，課堂上講話、態度不佳、不交作業、翹課都是不應該的。

成績

美國高中的成績是打等第制，分成 A、B、C、D、F，A 是最佳的成績，D 則是獲得學分的最低成績，F 則代表被當掉了，有些學校和老師用百分制打分數，最後再轉換為等第制，根據學校對成績的規定，還可以再轉換為 GPA（the grade point average），這是申請大學的計分方式。

	等第分數	GPA 分數	百分制
（AP 課程）	A+	4.3	
Excellent	A	4.0	95-100
	A-	3.7	
	B+	3.4	
Good	B	3.0	85-94
	B-	2.7	
	C+	2.4	
Average	C	2.0	75-84
	C-	1.7	
	D+	1.4	
Passing	D	1.0	60-74
Failing	F	0.0	0-59

忠誠的誓言

「The Pledge of Allegiance」是對美國象徵忠誠的誓言，幾乎所有的學校，每天都會有廣播帶領所有人一起念這段誓言，當學生在念這段話的同時，應該要面向美國國旗，每間教室都會掛美國國旗，並且將右手放在心臟的位置，要念的誓言如下：

"I pledge allegiance to the flag of the United States of America,and to republic for which is stands, one nation under God, indivisible, with liberty and justice for all."

畢業舞會

每年的畢業舞會是一年中最受矚目的活動之一，通常會穿上最精美的服裝，在精心設計過的場地，跳著慢舞，拍著有趣又浪漫的照片，畢業學年中（Senior）最受歡迎的男生和女生會被選為舞會的國王和皇后，有些學校還會在 11 年級（Junior）中選出王子和公主。

畢業典禮

畢業典禮是高中生活的最後一個環節，穿著長袍和畢業帽，有著演講和音樂，和穿著正式的親朋好友，交換學生也許有機會參與到這個過程，和美國的高中生活說聲再見。

Fun fact- 小知識

你知道嗎？美國標示數字的方式和口語很有關係，在美國會以三個數字為一區，而臺灣則會以四個數字為一區，這和念法有很大的關係。

第二十八章　實用資訊

時間

　　美國並非使用 24 小時制，而是使用 12 小時制，並再後面加上 AM（ante meridian）或是 PM（post meridian），因此早上八點在美國會寫成 8:00 a.m.，晚上八點則會寫成 8:00 p.m.，下面為轉換時間表：

24-hour	a.m./p.m.		24-hour	a.m./p.m.	
00:00	12:00 a.m.	凌晨／早上	12:00	12:00 p.m.	中午
01:00	1:00 a.m.		13:00	1:00 p.m.	
02:00	2:00 a.m.		14:00	2:00 p.m.	
03:00	3:00 a.m.		15:00	3:00 p.m.	
04:00	4:00 a.m.		16:00	4:00 p.m.	
05:00	5:00 a.m.		17:00	5:00 p.m.	
06:00	6:00 a.m.		18:00	6:00 p.m.	
07:00	7:00 a.m.		19:00	7:00 p.m.	

08:00	8:00 a.m.		20:00	8:00 p.m.	
09:00	9:00 a.m.		21:00	9:00 p.m.	
10:00	10:00 a.m.		22:00	10:00 p.m.	
11:00	11:00 a.m.		23:00	11:00 p.m.	

日期

在美國，月份是寫在日期之前，因此會寫成 July 24, 2013，或是直接簡稱為「07/24/2013」，如果寫成「24 of July 2013」或是「24 July, 2013」別人可能還是看得懂，但形式上還是會被認為是奇怪的，要注意的是，如果你今天想表達的是五月八號，而你卻寫成「08/05/12」，很有可能被誤認為是八月五號。（月份／日期／年分）

時區

美國大陸分為四個時區，幾乎所有州在夏天都會調整一個小時的時間（稱為日光節約時間）。

時區	和格林威治的時間差（19:00）	時區內的州
東部時區	減五個小時＝14:00／2:00 p.m.	最北的密西根州／緬因州到最南的佛羅里達州
中部時區	減六個小時＝13:00／1:00 p.m.	最北的北達科達州／維斯康辛州到最南的德州／阿拉巴馬州
山區時區	減七個小時＝12:00／12:00 p.m.	最北的蒙大拿州到最南的亞利桑那州／新墨西哥州
太平洋時區	減八個小時＝11:00／11:00 a.m.	最北的華盛頓州到最南的加州

氣溫

　　絕大多數的國家使用攝氏（°C）來測量溫度，美國則是用華氏（°F）來測量溫度，人體的體溫為 37.8°C ＝ 100°F，水的沸點溫度為 100°C ＝ 212°F。

攝式	−20°	−15°	−10°	−5°	0°	5°	10°	20°	25°	30°	40°
華式	−4°	−5°	14°	23°	32°	41°	50°	68°	77°	86°	104°

從華氏轉為攝氏

　　標準公式：(°F − 32)/1.8 ＝ °C

　　例如說華氏 60 度可以被轉換如下：

　　(60°F − 32)/1.8 ＝ 28/1.8 ＝ 16°C

簡化公式：

$(°F - 30)/2 = °C$

從攝氏轉為華氏

標準公式：$(°C × 1.8) + 32 = °F$

例如說攝氏 100 度可以被轉換如下：

$(100°C × 1.8) + 32 = 180 + 32 = 212°F$

簡化公式：

$(°C × 2) + 30 = °F$

重量和測量方式

美國有自己測量重量、長度、體積大小的單位，美國政府曾經試圖想改變這種測量方式，但這個政策看起來是失敗了。

美國單位	等同於	公制	用途
重量			
1 ounce (oz.)		28.35g	蔬菜、水果
1 pound (lb.)	16 ounces	453.59g	身體重量
1 ton	2,000 pounds	907.19kg	車子

美國單位	等同於	公制	用途
體積			
1 fluid ounce		29.57ml	碳酸飲料
1 pint (pt.)	16 fluid ounce	0.47 l	牛奶
1 quart	2 pint	0.95l	牛奶
1 gallon	4 quart	3.79l	汽油／燃料
1 barrel	42 gallons	158.97l (a barrel)	天然油價
長度			
1 inch (in.)		2.54 cm	身高
1 foot (ft.)	12 inches	30.48 cm	身高、山的高度
1 yard (yd.)	3 feet	91.44 cm	美式足球、運動
1 miles (m.)	1,760 yards	1.61 km	高速公路長、路標
面積			
1 square inch		$6.45cm^2$	
1 square foot		$929.0 \ cm^2$	房子面積
1 square yard		$0.836 \ m^2$	（少用）
1 acre	4,840 square yards	$4,046.8 \ m^2$	土地面積
1 square mile	640 acre	$2.589 \ km^2$	土地面積

Fun fact- 小知識

你知道嗎？一噸在美國不是 1,000 公斤，而是 907.2 公斤。

喝水

你可以在美國安全喝水龍頭打開的水，儘管你會發現喝起來味道和平常的不太一樣，通常餐廳提供的水也是水龍頭的水。

貨幣

美國的通用貨幣是美元，而一美元又分成一百分。

美元的代號是$，一個 S 再加上一條或兩條直線，這個美金的代號會放在錢的前方，例如說是$40，而非 40$。

美國常用 bucks 來當作 dollars 的暱稱，例如說 20 bucks = 20 dollars。同樣的，grand 代表 1,000 美元，20 grand = 20,000 dollars。

硬幣	
價值	代稱
1 cent	penny
5 cents	nickel
10 cents	dime
25 cents	quarter
50 cents	half dollar
1 dollar	Silver dollar

紙鈔
價值
1 dollar
2 dollars （稀少）
5 dollars
10 dollars
20 dollars
50 dollars
100 dollars

當付錢超過 20 元的鈔票時，店家有可能會找不出錢。

電力

美國用的是 110/115 伏特的電力（歐洲通常用的是 220 伏特），因此在出國前確認一下電子設備和變壓器等，是否能夠在美國使用，通常手機和筆記型電腦都不是問題，插座和臺灣一樣分為兩孔的，或是三孔（加一個接地的孔），變壓器和轉接頭都可以在旅遊商店、機場買到。

寄包裹到美國

寄包裹到美國會有幾家公司可以選擇，像是 DHL（DHL.com）、United Parcel Service（UPS.com），通常官方的郵寄會比較便宜，但也比較慢，可以調查比較一下不同的運送公司，選擇最適合的方案。

同樣要注意的是免稅的範圍是一百元美金以下，如果超過這個價值，便需要額外的付稅金。

小費和賞錢

　　美國多數的餐廳都不含小費，但付小費是美國的傳統。當在餐廳用餐時（速食店例外），通常都會給小費，除非服務態度真的很差，通常會留下 15% 到 20% 的小費，服務態度愈好，給的小費便愈多。其他的服務業通常也會有給小費的習慣，像是旅遊的導覽員、計程車司機等，這種 15% 的小費便很足夠了。

　　在旅館飯店時，會給幫忙拿行李的服務員，每個包包 1-2 美元的小費，留給幫忙打掃房間的服務員 1-5 美元的小費。

　　通常只有一個原因不會給小費（或是很少的小費），就是服務的很糟糕，不然的話會被認為很小氣。千萬不要吝嗇給小費，那些餐廳服務員、計程車司機，通常錢賺得很少，多半靠小費來讓收支平衡。

重要的節日和日子

節日名	時間
New Year's Day*	一月一號（1/1）
Martin Luther Day*	一月的第三個星期一
President's Day*	二月的第三個星期一
Valentine's Day	二月十四號（2/14）

節日名	時間
St. Patrick Day**	三月十七（3/17）
Easter (spring break)	三、四月
April Fool's Day	四月一號（4/1）
Memorial Day*	五月的最後一個星期一
Mother's Day	五月的第二個禮拜天
Father's Day	六月的第三個星期天
Independence Day*	七月四號（7/4）
Labor Day*	九月的第一個星期一
Columbus Day*	十月的第二個星期一
Halloween	十月三十一號（10/31）
Veteran's Day*	十一月十一號（11/11）
Thanksgiving*	十一月的第四個星期四
Christmas Eve	十二月二十四號（12/24）
Christmas Day*	十二月二十五號（12/25）

* 大眾的節日
** 愛爾蘭美國人慶祝的節日

　　如果節日是在星期六或星期天，通常會在最近的星期五或是星期一慶祝，而獨立紀念日（7/4）、聖誕節（12/25）、新年（1/1）對這個規則無效。

地址還有信件

在美國寫地址時要注意，房子的號碼要寫在街道名之前，城市的名稱後面接州的郵遞區號（ZIP code）。州的簡稱是由兩個英文字母所替代，後面則是接郵遞區號。州名也可寫全名，不一定要用簡稱，而簡稱可以參考後面第210頁的「各州區碼」。

郵寄舉例：

Jane Doe

316 Hampton Road

Scranton, PA 15856

USA

如果別人想寄給你信件包裹的話，可以在最前面加上你的名字，第二行寫接待家庭父母的名字，接下來地址則相同。

注意郵遞區號有時候會寫成九碼（例如：15856-2557），最後四碼是更詳細的區域，通常郵寄是前五碼是必要的，後四碼則可有可無。

你可以在郵局或是有寫「US Mail」的深藍色郵箱將信件寄出，寄出去時記得要貼足夠的郵費，不然信件會送還給你。

交通工具

　　除了少數的大城市外，美國多數的土地是人煙稀少的，所以最主要的交通工具還是車子，在主要城市之間，通常也會有接駁的交通工具，可以上網查相關資料，並且提早訂票。

客運

　　Greyhound（Greyhound.com）：全美國都有（又稱為灰狗巴士）

　　Trailways（Trailways.com）：和灰狗巴士類似的巴士

火車

　　Amtrak（Amtrak.com）：美國鐵路

主要的航空公司

　　American Airlines（AA.com）

　　Delta Air Lines （Delta.com）

　　Southwest Airlines （Southwest.com）

　　United Airlines （United.com）

　　US Airways （USAirways.com）

電話系統

美國的電話號碼是由三個部分所組成。

地區號碼+區域號碼+電話號碼：315-412-3456

地區號碼是前三個數字（315），接著是區域號碼和電話號碼，如果你現在要撥的電話和你在同一個地區時，不需要撥地區號碼，可以直接撥後面七碼（412-3456），如果需要打電話到不同區域時，前面還要再加一個 1，所以總共要撥的號碼為 1-315-412-3456。

使用室內的電話時，打給同區域的人會比不同區域的便宜，簡單來說，就是長途電話的費用會比較高。

在美國有些免付費電話，通常會說明為「toll-free number」，這些電話的開頭為 1-800、1-888 或是 1-866。

美國的緊急電話號碼為 911，可以尋找警察、救護車、消防隊的協助。

打電話到美國時也同樣要在最前面加「1」，例如說+1 315-412-3456。

從美國打回家時，要在最前面先打「011」，再加上國家代碼，例如說打回臺灣，臺灣的國碼是 886，所以要撥 011-886-2-2882-xxxx。（前碼-國碼-區碼（省略 0）-電話號碼）

電話卡

電話卡或是預付卡通常可以在所有的手機上使用，不需要安裝什麼零件或卡片，只要按照卡片上的指示撥打服務專線，然後就可以正常的撥打電話，預付卡在所有便利商店都買得到，最少的額度爲五元美金，可以視情況決定要買的金額。

手機

美國的手機網絡爲 GSM1900，所以如果你在美國使用家鄉的手機，電話費會非常高昂，就算打當地的號碼也是一樣。所以對交換學生來說，最好的方式，就是在美國辦一個當地的號碼。

美國的手機公司常會搭配門號有優惠專案，有些手機可以更換 SIM 卡，有些手機的 SIM 卡直接被安裝在手機裡面無法更換，這種手機如果想要更改你的區域網路，就只能換一支手機了，手機在美國算便宜的，一支普通的手機加上預付卡只要 20 元美金。

因此，有兩種方法獲得美國當地的號碼，第一個是直接購買 SIM 卡，美國的兩大電信公司，AT&T 和 T-mobile 都有提供，價格在十元美金上下，記得要確認 SIM 卡和原本的手機搭配起來是否能用，之後使用的花費，可以再透過購買電話卡來加值；另外一種方法是購買搭配門號的手機，或是購買有 SIM

卡插槽的手機，再加購 AT&T 或 T-Mobile 的 SIM 卡。

　　建議可以先在網路上比較一下費率和手機價格，因爲交換學生會在美國待上很長的一段時間，所以好的費率可以省下很多不必要的花費。

　　注意：在美國不管是傳簡訊還是打電話，收的人和寄的人雙方都要付費。

主要的電信公司

　　　AT&T（ATT.com）

　　　Sprint Nextel（Sprint.com）

　　　T-Mobile（TMobile.com）

　　　Verizon（Verizon.com）

各州區碼

州名	代碼	又稱爲	州的首都
Alabama	AL	The Heart of Dixie	Montgomery
Alaska	AK	Last Frontier	Juneau
Arizona	AZ	Grand Canyon State	Phoenix

州名	代碼	又稱為	州的首都
Arkansas	AR	Natural State	Little Rock
California	CA	Golden State	Sacramento
Colorado	CO	Centennial State	Denver
Connecticut	CT	Constitution State	Hartford
Delaware	DE	First State	Dover
District of Columbia*	DC		Washington
Florida	FL	Sunshine State	Tallahassee
Georgia	GA	Peach State	Atlanta
Hawaii	HI	Aloha State	Honolulu
Idaho	ID	Gem State	Boise
Illinois	IL	Prairie State	Springfield
Indiana	IN	Hoosier State	Indianapolis
Iowa	IA	Hawkeye State	Des Moines
Kansas	KS	Sunflower State	Topeka
Kentucky	KY	Bluegrass State	Frankfort
Louisiana	LA	Pelican State	Baton Rouge
Maine	ME	Vacationland	Augusta
Maryland	MD	Free State	Annapolis
Massachusetts	MA	Bay State	Boston
Michigan	MI	Wolverine State	Lansing
Minnesota	MN	North Star State	St. Paul

州名	代碼	又稱爲	州的首都
Mississippi	MS	Magnolia State	Jackson
Missouri	MO	Show Me State	Jefferson City
Montana	MT	Treasure State	Helena
Nebraska	NE	Cornhusker State	Lincoln
Nevada	NV	Silver State	Carson City
New Hampshire	NH	Granite State	Concord
New Jersey	NJ	Garden State	Trenton
New Mexico	NM	Land of Enchantment	Santa Fe
New York	NY	Empire State	Albany
North Carolina	NC	Tar Heel State	Raleigh
North Dakota	ND	Peace Garden State	Bismarck
Ohio	OH	Buckeye State	Columbus
Oklahoma	OK	Sooner State	Oklahoma City
Oregon	OR	Beaver State	Salem
Pennsylvania	PA	The Keystone State	Harrisburg
Rhode Island	RI	The Ocean State	Providence
South Carolina	SC	Palmetto State	Columbia
South Dakota	SD	Mt. Rushmore State	Pierre
Tennessee	TN	Volunteer State	Nashville
Texas	TX	Lone Star State	Austin
Utah	UT	Beehive State	Salt Lake City

州名	代碼	又稱為	州的首都
Vermont	VT	Green Mountain State	Montpelier
Virginia	VA	Old Dominion State	Richmond
Washington	WA	Evergreen State	Olympia
West Virginia	WV	Mountain State	Charleston
Wisconsin	WI	Badger State	Madison
Wyoming	WY	Equality State	Cheyenne

＊聯邦地區

美式英文和英式英文

　　美式和英式的用法和詞彙大多數相同，儘管美國人聽得懂「bank note, sweets, cinema」等字，但卻很少會聽到他們使用，反而是用「bill, candy, movie theater」等。美式和英式的英文在拼字上也有些許的差別，在美國考試時，拼成英式英文可能會害你被扣個一、兩分。

　　美式和英式英文最主要的差異可以分成三個部分：拼音、表達、和單字。

　　非英語系國家的人到了美國，會受環境影響變成美國式英文，在不知不覺中，學到一些只有在美國會用的語法，如果你堅持使用英國式英文，久而久之會變成英美夾雜式英文。

拼音的不同

美式英文和英式英文拼音上的差異也是有規律的，像是英式英文發音 ou 在美式英文會變成 o，英式的 s 在美式會變成 z，字尾的 re 會變成 er。

英式英文		美式英文
harbour, colour, neighbour, odour		harbor, color, neighbor, odor
organize, recognize, realize	=>	organize, recognize, realize
certre, theatre, metre, litre		center, theater, meter, liter

表達

英美語法的不同，可以從介系詞、動詞使用的不同來看，以下有幾個例子。

英式英文		美式英文
at school	=>	in school
get your picture taken		have your picture taken

單字

以下會列舉一些同樣意思，卻在英美用不同單字的例子：

英式英文	美式英文
Flat	Apartment
Entrée, starter	Appetizer
Cash machine	ATM
Toilet	Bathroom/restroom
Bank note	Bill
Thousand million	Billion
Sweets	Candy
Crisps	Chips
Biscuit	Cookie
Primary school	Elementary school
Lift	Elevator
Rubber	Eraser
Christianname	First name
America football	Football
Chips	French fries
Petrol	Gas
Surname	Last name
Queue	Line
Angry	Mad
Film	Movie
Cinema	Movies/movie theater

英式英文	美式英文
Serviette	Napkin
Trousers	Pants
Public school	Private school
Return ticket	Round-trip ticket
Football	Soccer
Jumper	Sweater
Lorry	Truck
Holiday	Vacation

國家圖書館出版品預行編目資料

你一定要知道的事－交換學生指南
／蔣開宇, Olav Schewe著.--初版.--
臺北市：書泉, 2014.08
　面；　公分
ISBN 978-986-121-911-0（平裝）

1. 交換學生　2. 指南

529.26　　　　　　103004494

3IDB

你一定要知道的事－交換學生指南

作　　　者 ─ 蔣開宇（511.3）　Olav Schewe

發 行 人 ─ 楊榮川

總 編 輯 ─ 王翠華

主　　編 ─ 陳念祖

責任編輯 ─ 李敏華

封面設計 ─ 童安安

出 版 者 ─ 書泉出版社

地　　　址：106臺北市大安區和平東路二段339號4樓

電　　　話：(02)2705-5066　　傳真：(02)2706-6100

網　　　址：http://www.wunan.com.tw

電子郵件：shuchuan@shuchuan.com.tw

劃撥帳號：01303853

戶　　　名：書泉出版社

經 銷 商：朝日文化

進退貨地址：新北市中和區橋安街15巷1號7樓

TEL：(02)2249-7714　　　FAX：(02)2249-8715

法律顧問：林勝安律師事務所　林勝安律師

出版日期：2014年8月初版一刷

定　　　價：新臺幣350元